凤凰文库
PHOENIX LIBRARY

凤凰出版传媒集团
PHOENIX PUBLISHING & MEDIA GROUP

**凤凰文库·政治学前沿系列**

项目总监　　韩　鑫

项目执行　　石　路

No Freedom Without Regulation

凤凰文库

政治学前沿系列

# 没有法规就没有自由

次贷危机隐藏的教训

[美] 约瑟夫·威廉·辛格　著

陈雪梅　张涛　译

江苏人民出版社

PHOENIX LIBRARY

**图书在版编目(CIP)数据**

没有法规就没有自由：次贷危机隐藏的教训/(美)
约瑟夫·威廉·辛格著;陈雪梅,张涛译. --南京：
江苏人民出版社,2018.5
　(凤凰文库.政治学前沿系列)
　书名原文：No Freedom without Regulation：The
Hidden Lesson of the Subprime Crisis
　ISBN 978 - 7 - 214 - 21892 - 6

　Ⅰ.①没…　Ⅱ.①约…②陈…③张…　Ⅲ.①房地产
抵押贷款-金融危机-研究-美国　Ⅳ.①F837.124
　中国版本图书馆 CIP 数据核字(2018)第 072868 号

江苏省版权局著作权合同登记 图字：10 - 2017 - 368 号

| | |
|---|---|
| 书　　　　名 | 没有法规就没有自由:次贷危机隐藏的教训 |
| 著　　　　者 | [美]约瑟夫·威廉·辛格 |
| 译　　　　者 | 陈雪梅　张　涛 |
| 责 任 编 辑 | 朱晓莹　陈　茜 |
| 责 任 监 制 | 王列丹 |
| 装 帧 设 计 | 许文菲 |
| 出 版 发 行 | 江苏人民出版社 |
| 出版社地址 | 南京市湖南路 1 号 A 楼,邮编:210009 |
| 出版社网址 | http://www.jspph.com |
| 照　　　　排 | 江苏凤凰制版有限公司 |
| 印　　　　刷 | 江苏凤凰通达印刷有限公司 |
| 开　　　　本 | 652 毫米×960 毫米　1/16 |
| 印　　　　张 | 9.75　插页 4 |
| 字　　　　数 | 120 千字 |
| 版　　　　次 | 2018 年 6 月第 1 版　2018 年 6 月第 1 次印刷 |
| 标 准 书 号 | ISBN 978 - 7 - 214 - 21892 - 6 |
| 定　　　　价 | 32.00 元 |

(江苏人民出版社图书凡印装错误可向承印厂调换)

# 出版说明

　　要支撑起一个强大的现代化国家,除了经济、政治、社会、制度等力量之外,还需要先进的、强有力的文化力量。凤凰文库的出版宗旨是:忠实记载当代国内外尤其是中国改革开放以来的学术、思想和理论成果,促进中外文化的交流,为推动我国先进文化建设和中国特色社会主义建设,提供丰富的实践总结、珍贵的价值理念、有益的学术参考和创新的思想理论资源。

　　凤凰文库将致力于人类文化的高端和前沿,放眼世界,具有全球胸怀和国际视野。经济全球化的背后是不同文化的冲撞与交融,是不同思想的激荡与扬弃,是不同文明的竞争和共存。从历史进化的角度来看,交融、扬弃、共存是大趋势,一个民族、一个国家总是在坚持自我特质的同时,向其他民族、其他国家吸取异质文化的养分,从而与时俱进,发展壮大。文库将积极采撷当今世界优秀文化成果,成为中外文化交流的桥梁。

　　凤凰文库将致力于中国特色社会主义和现代化的建设,面向全国,具有时代精神和中国气派。中国工业化、城市化、市场化、国际化的背后是国民素质的现代化,是现代文明的培育,是先进文化的发展。在建设中国特色社会主义的伟大进程中，中华民族必将展示新的实践，产生新的经验，形成新的学术、思想和理论成果。文库将展现中国现代化的新实践和新总结，成为中国学术界、思想界和理论界创新平台。

凤凰文库的基本特征是：围绕建设中国特色社会主义，实现社会主义现代化这个中心，立足传播新知识，介绍新思潮，树立新观念，建设新学科，着力出版当代国内外社会科学、人文学科的最新成果，同时也注重推出以新的形式、新的观念呈现我国传统思想文化和历史的优秀作品，从而把引进吸收和自主创新结合起来，并促进传统优秀文化的现代转型。

凤凰文库努力实现知识学术传播和思想理论创新的融合，以若干主题系列的形式呈现，并且是一个开放式的结构。它将围绕马克思主义研究及其中国化、政治学、哲学、宗教、人文与社会、海外中国研究、当代思想前沿、教育理论、艺术理论等领域设计规划主题系列，并不断在内容上加以充实；同时，文库还将围绕社会科学、人文学科、科学文化领域的新问题、新动向，分批设计规划出新的主题系列，增强文库思想的活力和学术的丰富性。

从中国由农业文明向工业文明转型、由传统社会走向现代社会这样一个大视角出发，从中国现代化在世界现代化浪潮中的独特性出发，中国已经并将更加鲜明地表现自己特有的实践、经验和路径，形成独特的学术和创新的思想、理论，这是我们出版凤凰文库的信心之所在。因此，我们相信，在全国学术界、思想界、理论界的支持和参与下，在广大读者的帮助和关心下，凤凰文库一定会成为深为社会各界欢迎的大型丛书，在中国经济建设、政治建设、文化建设、社会建设中，实现凤凰出版人的历史责任和使命。

没有法律，就没有自由。

——约翰·洛克

# 目　录

# 译者的话

约瑟夫·威廉·辛格是哈佛法学院教授。1981获得哈佛法学院法学博士学位,1984开始在波士顿大学法学院任教,自1992以来一直在哈佛法学院任教,2006年被聘为伯西法学教授(Bussey Professor of Law)。辛格教授的研究和教学主要集中在财产法、冲突法和联邦印第安法领域。他发表了80多篇法律评论文章,著作包括《应得的权益:财产的悖论》(2000年)、《没有法规就没有自由:次贷危机隐藏的教训》(2015年)等。此外,他还立足于法学理论研究道德和政治哲学。

次贷危机已经过去十年,可是它依然顽强地在场。如何反思次贷危机,仍是我们面临的重要任务。《没有法规就没有自由》一书,是辛格教授对次贷危机多年深入的法律反思以及对法律规范与自由的思考。

次贷危机,凸显的不仅仅是资本主义的经济危机,还凸显了资本主义的法律危机、制度危机。这是一场法律危机,更确切地说是一场法治危机。辛格教授指出,市场与法规、自由与法规并不是对立的,法规正是市场的基础结构,法规能促进自由。次贷危机的爆发,恰恰反映出人们没有遵守法律,法律被无视,对市场没有起到应有的监管作用、规范作用。美国整个金融市场欺诈盛行,处于一种"无法"的混乱状态,其所标榜的法治变成一句空话。次贷危机也是一场制度危机。在少数人利益最大化的驱使下,在美国金融外交战略中,从住房信贷经纪商、贷款公司、投资银行、信用评级机构到相关金融监管机构,可以说,整个金融系统进行了一场异常冒险的共谋,最终不仅自食其恶果,还创伤了全世界。

辛格教授的法哲学思考,颇具他者思维和共在视野,令人信服地阐明没有法规就没有自由。他频繁地强调我们不是避世独居,在行使自由的时候绝对不能损害他人的利益。惯常思维中有"法无禁止即可施行",在这种视域中,实际上他者是缺失的,更没有与他者共同存在的命运共同体意识。美国的次贷危机更凸显出缺失人类命运共同体意识造成的危险境况:"少数人利益最大化,大家破产"、"美国消费,全球买单",这不仅给本国人民,更给世界人民带来沉痛的创伤。因此必须增强人类命运共同体意识,推动构建人类命运共同体。

在美国,以共和党为代表的保守派(conservatives)与以民主党代表的自由派(liberals)针锋相对,前者认为过多的法规干预了个人自由,而后者则认为放任的资本主义市场经济导致了严重的贫富不均、高失业与其他系列问题,最急迫的不是个人权利的声张,而是法规对市场的干预。然而,在辛格教授的视域中,一旦正确理解了法规的本质,那么保守派与自由派在此原则上会具有高度的一致性。因为没有法规,就没有自由,所以保守派应该拥护法规;又因为法规是市场经济的基础结构,所以自由派也应拥护市场。这是辛格教授从次贷危机中得出的教训,极其独到,亦可爱非常。正如辛格教授知己的评价那样(见第六章),他是一个理想主义者。尽管由于资本主义制度的内在缺陷,这种理想无法实现,但他关于法律是市场经济的基础结构以及合宜的法律是规范市场、保障自由平等的最佳路径的思考,对我们今天全面依法治国具有积极的参考意义。

我们对书中几个关键的术语作了如下处理。首先,是书名。regulation 一词具有多种含义,作为名词有规章、规则、条理、管理、控制、调整等含义,作为形容词有规定要求的、标准的、正规的等含义。我们译作法规,即法律规范,而没有译成监管,原因在于:一是监管的主体多元,可以是法律,也可以是政府,还可以是相关监管机构。因此,不能体现作者在书中强调的法治、法律监管。二是规范可以包含监管,监管侧重于管理,规范则体现治理。在书中作者不仅仅指加强对金融的法律监管,也指对整个生活世界的法律规范。其次,common law,可译为普通法、不成文法或习惯法,我们按照惯例译为普通法;property law,可译为财产法或物权法,这里按英美法系译为财产法。

我们的分工如下:陈雪梅翻译了书的前四章,张涛翻译了后两章。安徽师范大学外国语学院的李迪、梁艳和吴婷菊同学对部分文献进行了查证。在此表示衷心的感谢!

由于我们的水平有限,译文肯定存在不足之处,敬请读者批评指正!

译者

2018 年 2 月 1 日于芜湖

# 第一章　次贷危机

使存在对任何人有价值取决于对他人行为实施有效约束。

——约翰·穆勒

福尔摩斯和华生医生去露营。他们搭起帐篷，简单就餐，然后睡觉。半夜时分，福尔摩斯叫醒华生，问道："你看到了什么？"华生抬头看到了夜空，便如实回答。"这意味着什么？"福尔摩斯进一步问道。对于这一深刻的问题，华生思索良久，说："这意味着宇宙之浩瀚，太空之神秘，相较之下，人类的认知是多么有限。这意味着我们只能理解我们所能观察到的，以及……"不，白痴！"福尔摩斯打断他，"这意味着有人偷了我们的帐篷。"①

## 一、习以为常之事

有时阐明显见真相非常重要，因为显见，反而被遗忘。次贷危机强迫我们注意习以为常之事。次贷危机的最大启示是：没有法律（law），私

---

① 这个笑话在网络笑话大赛中获得第二名。参见杰夫·阿南达帕：《第二名》（Geoff Anandappa, *In second place*, laughLab. co. uk, http://www. richardwiseman. com/ LaughLab/second. html. 最近的访问是 2011 年 6 月 29 日）。

有财产和自由市场将不复存在。"法律"(law)的另一表述是"法规"(regulation)。换言之,没有法规,私有财产和自由市场将不复存在。市场是由一个为社会和经济关系制定最低标准的法律框架所定义。私有财产之所以成为可能,是因为法律配置财产并规定业主的权利(the rights of owners);财产法(property law)还确保财产权的行使方式不得损害他人财产或人身权利,亦不得损害社会生活或经济繁荣的基本架构。

这些事情看起来显而易见,却没有被透彻理解。次贷危机就是令人匪夷所思的一例。次贷危机由金融交易规范不力引发,却导致旨在缩小政府规模的茶党(Tea Party)运动。为什么规范不力引发的金融危机却导致一场憎恶政府的政治运动?答案是,美国人的思维模式已经被长期固化:将政府视为自由的敌人,将法规视为对自由市场和私有财产的干扰。保守派和自由派都认为法规是对市场自由的限制、对业主权利的侵犯。这种想法可能普遍存在,却不合逻辑,且危害极大。事实是,没有法律(law),我们既不会有市场,也不会拥有私有财产和自由。而"法规"(regulation)只不过是"法治"(the rule of law)的另一种表述。

2013年茶党运动引发联邦政府停摆,甚至将美国政府推向债务违约的边缘。这场运动最初是为了推翻"平价医疗法案"(又名"奥巴马医改"),但传递的潜台词却是对"政府"的普遍蔑视。这场辩论剑拔弩张,言辞异常激烈,用议员特德·克鲁兹(Ted Cruz)的话来说,我们正见证一场规模宏大的战役:厌恶政府且热爱自由人士与热爱政府却厌恶自由人士之间的战役。他认为奥巴马医改"来自政府的压力和胁迫",他本人之所以反对是因为"我崇尚自由"。克鲁兹解释道:"自由市场能发挥作用,政府法规却不能。"①虽然他并没有明说支持废除政府,却暗示政府的任何法规与生俱来都是糟糕的,因为它一方面干扰了自由,另一方面对

---

① 埃里克·申纳、特德·克鲁兹:《阻止奥巴马医改的49个理由》(Eric Scheiner, Ted Cruz: *49 Reasons to Stop Obamacare*,cnsnews. com,http://cnsnews. com/mrctv-blog/eric-scheiner/ted-cruz-49-reasons-stop-obamacare)。

私有财产强制征收税费,阻碍了就业和经济繁荣。[1]

　　像克鲁兹这样的自由意志论者在美国众多民众中一呼百应,因为大家都崇尚自由,没人喜欢被指手画脚,而且表面上看,"法规"的确阻碍了我们随心所欲的自由。但是自由意志论者不是无政府主义者,他们并不想彻底废除政府,只是反对法规。怎么解释呢?富有哲学思辨的自由意志论者认为法律的应用范围应仅限于阻止暴力和欺诈、强制执行合约以及保护财产所有者的权利[2]。可难题是,如何严格界定法律的应用范围而不越矩?

　　次贷危机恰是一例。次级贷款达成的合同是通过自由协商还是通过欺诈?我们应当如何解读合同条款?这些协议究竟是对财产权的行使还是剥夺?抑或两者都有?这一危机提醒我们,即便我们选择了自由意志论者的价值框架,最大限度地减少规约市场和财产的法规,我们仍需要大量的"法规"来保障最低标准。光是配置和界定业主权利就煞费脑筋,更不用说决定一份合同何时生效以及解读其条款的内涵。

　　事实证明法规对市场和财产都至关重要。这与身为自由意志论者还是自由主义者无关。问题不在于要依赖自由市场还是政府法规——这个选择本身就是一种误导——而在于构建什么样的财产和市场法律框架最能确保我们享受各种自由,同时不违反一个自由、民主社会的价值观——人人享有同等的关心和尊重,并保障所有人的合法权益。

　　要记住这些基本真相很困难,因为大多数美国人都陷入一种思维定式:市场与法规势不两立。举个例子,艾伦·格林斯潘之前一直认为,没

---

[1] 埃里克·申纳、特德·克鲁兹:《阻止奥巴马医改的 49 个理由》(Eric Scheiner, Ted Cruz: *49 Reasons to Stop Obamacare*, cnsnews. com, http://cnsnews. com/mrctv-blog/eric-scheiner/ted-cruz-49-reasons-stop-obamacare)。

[2] 查尔斯·默里:《成为自由意志论者意味着什么:个人解读》(Charles Murray, *What It Means to Be a Libertarian: A Personal Interpretation*, 38, 1997)("严格防范武力及欺诈行为"); (id. at 27—29)(保护财产权)。

有法规市场也能良好运行;用法规来修补市场漏洞注定走向失败。① 在2008 年 10 月 23 日,也就是次级贷款泛滥之际,格林斯潘在国会上发表声明时,议员亨利·维克蒙(Henry Waxman)就指出,这一思维定式导致格林斯潘纵使有权采取行动来"阻止不负责任的借贷行为以防次贷危机发生",他也会拒绝。② 格林斯潘后来承认他之前常常界定"世界如何运转"的模式确有"缺陷",他现在明白自由市场有其局限性,而法规可以预防灾难性的市场失控。③

像格林斯潘这样的自由意志论者,并不是将市场和法规置于对立面的个案。甚至像自由派经济学家约瑟夫·斯蒂格利茨(Joseph Stieglitz)也不例外。例如谈及次贷危机,斯蒂格利茨曾写道:"仅靠市场自身没有办法维持正常运行。"他还说,"政府需要发挥作用来……规范市场","经济需要在市场角色和政府角色之间寻求平衡"。④

在"自由市场"和"政府法规"之间找寻适当平衡,这样解决问题的方法本身就是对这两个概念的曲解。一方面,这种解决问题的方式错误地暗示,没有法律框架市场也可以存在。另一方面,它错误地暗示,所有的法规都干扰了自由和财产权。同理,说格林斯潘在次贷前的世界观是错误的,并不是因为市场本身不完美,也不是因为政府法规有时成功弥补了这些缺陷,而是因为没有法规,市场或私人财产都不复存在。

自由市场得以繁荣,其存在的前提是法规使得市场成为可能。同理,私有财产的存在归因于法律界定并保护业主权利。自由市场不等同于无政府主义;它是一种管制结构,需要具体法律来制定市场游戏规则。

---

① ② ③《格林斯潘向国会承认"缺陷",并预测将会出现更多的经济问题》(*Greenspan Admits "Flaw" to Congress, Predicts More Economic Problems*, http://www. pbs. org/ newshour/bb/business/july-dec08/ crisishearing _ 10—23. html);同时参见 http:// www. youtube. com/watch? v=Dqe0VqIOrFQ。

④ 约瑟夫·E. 斯蒂格利茨:《自由市场的坠落:美国、自由市场和世界经济的衰退》(Joseph E. Stiglitz, *Freefall: America, Free markets, and the Sinking of the World Economy* xii, 2010)。

财产所有者不是军阀,他们不能用专制来对待那些进入他们产权领域的人。法律保护并限制业主权利,确保财产权不违背个人自由,包括市场自由。

捷克原外交部部长伊日·丁斯特比尔在 1990 年发表评论说:"与制定 600—800 部法律来创造一个市场经济相比,掀起一场革命要容易得多。"[1]即使这样说,也远非夸大其词。市场和财产都由法律保障;没有法律,两者都不复存在。为两者构建有效的法制结构相当复杂;[2]不仅要制定规则来确立一般原则,法律体系还必须应对棘手案例,而这种棘手案例数量之多,非法律人士无法想象。细节决定一切;当涉及规范市场经济的法律,上帝与细节同在。

将市场和法规置于对立面是毫无逻辑的。同样,认为法规一定会损害业主权利也站不住脚。事实上,没有法规则无法阻止他人侵犯自身产权,这就要求法律对业主权利进行界定,但其难度超乎我们想象。

虽然市场与法规水火不容的观念根深蒂固,但仍有许多例子可以反驳。[3] 大萧条使得几乎每个人坚信政府法规对于市场的运行(且不说良好运行)十分必要。次贷危机来临时,显然,指导市场运作的游戏

---

[1] 威廉·艾奇克森:《捷克斯洛伐克激情渐落》(William Echikson, *Euphoria Dies Down in Czechoslovakia*, Wall St. J., Sept. 18, 1990, at A26)。

[2] 弗里德里希·哈耶克作为最重要的自由意志论哲学家之一,似乎意识到制定市场规则和财产制度所涉及的复杂问题。参见弗里德里希·哈耶克:《自由宪法》(Friedrich A. Hayek, *The Constitution of Liberty*, 1960)。

[3] 法律现实主义者在一个世纪以前用学术作品摧毁了这个神话。参见,例如,莫里斯·科恩:《契约基础》;莫里斯·科恩,《财产和主权》;沃尔特·惠勒·库克:《工会在争取生存斗争中的特权》;罗伯特·赫尔:《假定非胁迫状态下的胁迫和分配》;罗斯科·庞德:《契约自由》(Morris Cohen, *The Basis of Contract*, 46 Harv. L. Rev. 553, 1933; Morris Cohen, *Property and Sovereignty*, 13 Cornell L. Q. 8, 1927; Walter Wheeler Cook, *Privileges of Labor Unions in the Struggle for Life*, 27 Yale L. J. 779, 1918; Robert Hale, *Bargaining, Duress, and Economic Liberty*, 43 Colum. L. Rev. 603, 1943; Robert Hale, *Coercion and Distribution in a Supposedly Non-Coercive State*, 38 Pol. Sci. Q. 470, 1923; Roscoe Pound, *Liberty of Contract*, 18 Yale L. J. 454, 1909)。另参见约瑟夫·威廉·辛格:《当今法律现实主义》(Joseph William Singer, *Legal Realism Now*, 76 Calif. L. Rev. 465, 1988)。

规则需要弥补。同样明显的是，没有适当的法规，财产权益危在旦夕。

然而，指责政府不应当干预市场机制的声音仍不绝于耳。[①]总统候选人米特·罗姆尼（Mitt Romney），像议员科鲁兹一样，在2011年曾说道："正确的做法是让市场自己运作，我们要使政府让道。"[②]"法规"干扰"自由市场"的言论就像不死的凤凰。它不断重生。为什么？

## 二、自由与法律

答案与美国人看待自由的方式有关。监管法规（regulatory laws）常常阻止我们按照自己的意愿去行事，干涉我们任意行动的自由。保守派和自由派都认为，我们每个人都有"追求幸福"的权利。[③]这表明（在一定限度内）我们可以自由选择生活方式。市场是我们弘扬并行使自由的手段之一，但是没有限度的自由就不是自由。法规看似阻碍了自由，实质上却是"法治"的代名词。保守派尊崇自由，约翰·洛克就是典型代表，

---

① 前共和党人惠普·埃里克·康托尔批评了新的金融监管法，他辩称："这一立法是对美国资本形成的明显打击。它的目的是防止下一次的金融危机，但它的方式却是大幅扩大在上次金融危机中失败的监管者的权力。"代表约翰·博纳说，金融监管法律就像"用核武器杀死一只蚂蚁"。大卫·H.赫森霍恩：《众议院批准的金融改革》（David H. Herszenhorn, *Finance Overhaul Approved by House*, N. Y. Times, July 1, 2010, http://query. nytimes. com/gst/fullpage. html? res = 9D04EEDB1F3 CF932A35754C0A9669D8B63&scp = 4&sq = herszenhorn%20finance% 20overhaul&st=Search）。

② 本雅明·阿佩尔鲍姆：《抵押贷款扩张计划范围有限》（Binyamin Appelbaum, *Expansion of Mortgage Program Is Limited in Scope*, N. Y. Times, Oct. 24, 2011, http://www. nytimes. com/ 2011/10/25/us/politics/administration-proposes-changes-to-mortgage-refinancing-program. html? r=1&scp=1&sq=romney%20free%20 market&st=cse）。

③ 我会在此反复讨论自由意志论者和保守派，因为并不是所有的保守派都是自由意志论者，但在经济政策方面，两者有很多共通之处。自由意志论者希望对经济生活和个人（包括性）生活都解除管制，而保守派在经济上持自由主义态度，在性方面则赞成法规。因为我的关注点是经济学（市场和财产），所以我分析的是两个派别的自由意志观点。因为保守派数量超过自由意志论者，所以我通常用的"保守派"这个词不仅指代保守派人士，也指代教条的自由意志论者。

但即使是洛克也声称"没有法律,就没有自由"[①]。那又如何解释法律促进自由呢?就是说,市场并非战场,而是由法律界定,法律为市场制定游戏规则。因为没有法律市场就不存在,所以保守派不能同时反对法规、又支持市场。

市场的狂热支持者有时却忘记法律带来的利益。他们热爱自由,对法律却置若罔闻。保守派使用"法规"一词来指代"糟糕的法律"。当有些法律取得的效果适得其反或甚至产生危害时,这些法律确实很糟糕,但这只能说明我们需要剔除糟糕的法律。有鉴于此,问题不在于到底要不要规范市场,而在于我们要甄选出那些能支持合理市场结构的法律。当我们把市场和法规放在对立面,就很难看到法规确保市场运作的合宜方式。如果我们明白这层关系,会更容易发现自由派和保守派的共识之处。

当下两极分化的政治言论,让我们难以看到其实自由派和保守派的共同之处比我们预想的还要多。如果我们记住保守派也重视法律,就会明白,保守派与自由派同样相信法规。反而言之,如果我们记住自由派与保守派一样也崇尚自由选择,就会明白,自由派与保守派同样相信市场。两者都相信自由市场和私人产权,都认同自由行为要受法律制约。更深层次的真相是,旨在让我们和平共处的法律,不是剥夺我们的自由,而是让我们自由。我们需要法规来界定市场结构和财产权,法规不是对个人自由的侵犯,法规本身就是游戏规则,使市场和所有权得以存在并使之公正、有效地运作,因此法规是自由的庇护者。

自由被证明是一个复杂的概念。它包含行为自由,但与安全、平等这样的价值观息息相关。因为,除非能保障我们免受他人损害,否则我们不能按自己的意愿自由生活。举例来说,如果有人担心被袭击或遭遇

---

[①] 约翰·洛克:《政府论·下篇》(John Locke, *The Second Treatise of Government*, 57, at 306, Peter Laslett ed., 1988, Cambridge Univ. Press, 2009 reprinting, original 1690, *italics*)。

杀戮，就不敢在街上自由漫步。这表明，法律必须对个人的行为自由加以限制，以保障我们安全、不受他人伤害。自由受法律保障体现在两方面：法律既赋予我们行为自由的权利，也限制行为自由以确保他人安全。因为我们生活在一个自由、民主的社会，这一社会的信仰前提是：人人生而平等，但我们行使自由的同时不能否决他人同样的自由。因此我们必须适度克制自己的行为以保障他人行使同等的自由。

正如自由派重视自由，保守派也重视安全和平等。自由权包括自我决策权及不受他人控制。民主社会基于这样的承诺：每一个人受到同等的关注和尊重。这不是平等自由主义独有的价值观，保守派也坚决捍卫每一个人享有自由的权利。就是说，自由不仅是个体概念，更是一个社会和政治概念。我们为自己争取自由和安全，但如果我们也相信每个人都有权享有同等的关心和尊重，那么就要推己及人。因为一个自由、民主的社会确保人人享有自由，所以要限制个人的行为能力、禁止剥夺他人享有同等自由和安全的权利。

因此，自由离不开那些限制我们的行为自由的法律；这样的法律确保人人享有追求幸福的均等机会。要制定这样的法律，我们必须考虑到个人行使自由的方式可能会侵犯他人权利和自由。法律建立基本原则，确保个人自由权不违背大众自由权。法律可能会限制我们任意妄为的自然自由，却推动了政治自由——以确保他人有同等权利和自由来追求幸福。

说法律促进自由并不代表所有的法律都有益无害，有的法律确实如人们所指摘的那样，夺走了我们的"自由"；也不代表自由派和保守派可以就哪些法律能促进自由达成一致。而是说，促进自由不是要"废除政府法规"，而需要策略。自由要求我们采取适当的法规措施来改善生活方式，让我们享受核心自由。法治不是压迫性法规、无效甚至反效果法规的托词，法治是通往保护我们合法权益的有效法规的必经路径。这样的法规并未剥夺自由，而是推动自由。法规（如果合理且适当），支持而非破坏保守派和自由派都珍爱的自由。

## 三、为什么自由派和保守派都需要一个新范式

鉴于近来在华盛顿出现的恶性党派斗争，有人认为美国在意识形态、价值观和承诺等方面都存在令人绝望的分歧，这样的想法也情可有原。但是，如果我们反思法律推动自由的方式，我们会惊讶地发现，其实自由派和保守派之间的共识比我们想象的要多。认为保守派偏爱市场而自由派偏爱法规，有失偏颇。真相是自由派也支持自由市场，保守派也认同法规。他们的分歧在于，如何定义我们的核心自由；这需要从众多的价值观角度对我们生活方式的架构做出选择。这些选择需要甄别出推动和阻碍自由的法规。

虽然自由派和保守派强调不同的价值观：前者更强调平等，后者更关注行为自由，但是反过来说自由派崇尚行为自由、保守派崇尚平等，也是正确的。自由主义和保守主义之间的共识远大于近期言论或政治分歧所呈现的表象。

自由派一直拥护旨在构建市场、促进机会平等、公平竞争和保护消费者权益的法律。但是自从里根总统的自由意志论哲学占领美国政治演讲台后，自由派便开始一路逆行。保守派从事的运动致力于成功的长期公共关系，因而成功地将自由派刻画成否定并妄图剥夺我们自由权的精英主义者。所以没几个美国人想成为别人眼中的自由派。有时候自由派人士也不明白该如何捍卫自己的理想，特别是创造平等机会的理想。

自由派深知，我们需要政府来创造条件，让每一个人得以展现自我。此外，自由派也拥护市场，他们仅只支持合理建构市场体系的法律。然而，因为自由派通常已经接受保守派框定的视域——自由和法规势不两立，所以许多自由派人士没有能力或找不到合适话语体系去充分捍卫自

己的观点。他们本该充满自信，却处处被动。自由派需要一种新的视角去看待自由和法规的问题，从而能更好地理解、表达、沟通并捍卫他们的观点。

与此同时，保守派也运用了自由意志论范式，这一范式不仅损害了他们自己的理想，也使保守派更难与自由派达成共识。保守派倾向于用"法规"指代他们不喜欢的法律，而当他们需要法规的时候，往往换个说法，如"预防欺诈"、"执行合约"、"保护知识产权"，或者"促进法治"。

令人意想不到的是，许多保守派拥护的自由意志论价值观也支持自由派长期以来拥护的监管法规。如果没有一个管制结构来界定财产权利、设置合法的基本架构和权限，私有财产也得不到保障；没有法规就无法推动自由市场或合约自由，也就无法判定何时一个合同生效、条款模棱两可时该如何解读、如何履行合约，以及何时违反合约的理由为正当。如果没有法律来确保我们人人享有尊严、生来自由而平等，那么市场和财产也将不复存在。鉴于这些理由，保守派其实支持众多监管法规。或许最令人吃惊的是，大多数"自由主义"法规可以被理解成保护"合约自由"和"私有财产"的手段——这些正是保守主义的核心价值观。

许多保守派人士认识到了这一点。如前印第安纳州共和党州长米奇·丹尼尔斯（Mitch Daniels）解释道："我们（保守派）应当严格区分对大政府的怀疑和对所有政府的蔑视。"①作家兼《华尔街时报》专栏作者佩吉·努南（Peggy Noonan），对此表示赞同："共和党政客现在经常极不情愿让管制法案通过，即使这些法案能产生有益影响并与保守主义理念一致，究其原因，他们在骨子里认为政府法规这个概念在根基上是有害的。"②

---

① 马特·白：《当权派共和党人看着这些家伙，说："你疯了！"：共和党精英们试图夺回政权》（Matt Bai, *Establishment Republicans Look at These Guys and Say "You're Nuts!"：The G. O. P. Elite Tries to Take Its Party Back*, N. Y. Times Magazine, Oct. 16, 2011, at 45, 50）。

② 佩吉·努南：《声明：共和党人打破僵局》（Peggy Noonan, *Declarations：Republicans Break the Ice*, Wall St. J., Feb. 2, 2013, at A—15）。

鉴于"法规"被视为对自由的否定，很难让所有人都意识到自由派和保守派到底在多大程度上就法规的必要性达成一致。此外，保守派夸大了政府的弊端、贬低法规概念本身，这使我们更难意识到保守派和自由派之间存在的广泛共识。

当然，有些法规措施的确有干预过度、耗资巨大或达不到预期效果之嫌。但这恰好说明我们的目标是制定合理法规，而不是"解除法规"（deregulation）。无论你秉承何种政治哲学和道德观念，要甄别有效法律、并促成一个合宜框架来实现我们最深层次的价值观念，都绝非易事。这需要判断力和实践智慧。但是，如果我们能明白自由市场和私人产权都依赖一个公正、可运作的法律框架，我们会作出更好的判断。这个框架是推动而不是阻碍自由和平等价值观。正确认识"市场"与"法规"关系，将使自由派和保守派都能更好地表达和捍卫各自的观点。同时，我们会发现，对立的两大阵营其实有着惊人的共识。

明白这些，需要深入思考并愿意换位思考。[①] 两极分化的政治言论，迫使我们拒绝细致入微的思考，而采取极端立场。这种言论可能让人自我感觉良好，却不利于对公共政策和法律进行成熟的思考。没有法规，自由市场将不复存在，但是若不考虑人类心理特征、价值观念及人性弱点，法规也不能发挥作用。市场和财产需要法规，良好的市场和财产需要明智的法规。要弄清楚哪些法规是合宜的，哪些是不当的，我们需要更好地认清法律与经济、政府与社会以及法规与市场之间的关系。

我们需要构建一个新的框架来思考这些问题。这种新的范式可以更好地阐释自由派和保守派的理想，并将揭示两者之间惊人的共识。反过来，这种结果可能为党派争斗提供谈判和妥协的新依据。当然，我还

---

① 参见苏珊·内曼：《道德明晰：成年理想主义者指南》（Susan Neiman, *Moral Clarity: A Guide for Grown-up Idealists*, 2008）。

没天真地以为几句锦言妙语就可以将政治对手化敌为友，但我仍满怀希望，并有充分的理由相信值得一试。

## 四、财产的作用

近年来，财产问题处于国民问题的核心。次级抵押贷款市场不仅损害了世界经济，而且让我们面临恶劣商业行为和不良法律带来的巨大后果。次贷危机使私有财产机构依赖法规的方式变得戏剧化。不充分或不恰当的法规给个人和集体都带来了困境和灾难。没有可行的法律框架，财产就不存在。杰里米·边沁（Jeremy Bentham）是对的，他说："财产和法律同生共死。在法律诞生之前，财产是不存在的；把法律拿走，财产也将成为空壳。"[1]

我们的财产法体系对人们创造出的各种财产权做出了规定。因为我们倾向于将法规视为对自由的剥夺，所以许多人对这些法规持怀疑态度。但次贷危机之后，我在财产法课上向学生解释某些现象就不再是难事，如为什么财产权需要可行的法制结构，为什么有些财产权压根儿就不该被创造出来。法律规范财产权利的原因有很多，其中之一是防止人们制定出的财产权益会给他人带来困苦。

次贷危机给我们上了重要的一课。被证券化的次级抵押贷款不仅影响交易当事人的利益，还变成了破坏世界经济的有毒资产。我们所从事的财产交易可能会严重波及他人，包括并未涉入交易的群体。我们每个人都想在自己的土地上无拘无束地生活，任意处置自己的土地，但这并不意味着我们有权污染邻居的土地。我们或许希望创造出量身定制的、符合我们宗旨和需求的贷款交易，但这并不意味着我们有权创造那些损害经济生活基础、危及每个人的财产所有权的产权合约。

---

[1] 杰里米·边沁：《立法理论》（Jeremy Bentham, *The Theory of Legislation* 139, 1840）。

正如我们倾向于使"自由市场"或"政府法规"对立化一样,我们也倾向于将所有法规视为对"私有财产"或"业主权利"的干预。这种构建财产与法规关系的方式遮蔽了"没有法律就没有私有财产"这一事实。要使私人财产体系正常运转,所需的法律是复杂而庞大的。[①] 如果私有财产的法律结构很容易描述的话,法学院就不会用一整个学期来讲解财产、合伙关系、公司、遗嘱、信托、房地产交易和金融、可转让票据、银行、担保交易、版权、专利、破产、家庭法、土地使用法和环境法等概念和知识。我们也不能简化法律或抛弃整套规则;因为这样做问题依然存在,要么我们将被迫重新构建所有这些领域里的法律,要么生活在一个比目前更糟糕的世界。

事实证明,要想界定财产权利的范围、财产权利运作的语境及财产的开发和转让规则,就需要作出复杂的准则性和实用性判断。我们需要"规范"财产以确保财产被维护、可利用以及可销售,确保个人使用财产时不会侵犯他人的财产和人身权利。我们需要财产法来明确所有权,保护合理预期,防止侵害他人权利。正如没有"法规"市场无法存在,没有强大的法制基础结构,私有财产也不会存在。没有法律就没有私有财产,这表明法规支持而不是损害财产权。

当然,这么说有些夸张。总体来说,法规是必要的,但不能说所有具体的法规措施都令人满意。确实有些法规措施没有存在的必要,不当地损害了业主的合理预期。自由意志论者试图废除干扰"既定财产权利"(established property rights)的所有法规,但事实上,如果我们取消了所有这些法规,自由意志论者很快就会要求我们制定新的法规取而代之。

---

① 以自由意志论思想家为例,他们极大地低估了对私有财产制度进行定义和使之运作的难度,参见,大卫·鲍兹:《自由意志论:入门读物》(David Boaz, *Libertarianism:A Primer*,68—74,154—156,1997)(主张保护"财产权"而不讨论其含义、解释及局限);查尔斯·默里:《成为自由意志论者意味着什么:个人解读》(Charles Murray, *What It Means to Be a Libertarian:A Personal Interpretation*,27—29,1997)(主张保护财产权,但并未提供多少细节,认为诠释这背后的意义轻而易举)。

这是因为"无法规"的财产本身就是一个矛盾体。

如果一家工厂排放废水废气，给周边的环境造成污染，毒害周边居民的财产，让他们疾病缠身，这不仅仅是在行使自己的财产权利的问题，它损害了其他居民的财产和人身权利。因此必须对使用的自由加以限制，以保护他人的财产和安全。一位房东出于种族歧视而拒绝租房给某人，这从表面上看是行使自己的财产权利，但她同时阻碍了他人获取财产的权利。我们禁止租房种族歧视，不是因为我们不重视保护财产权利，而是因为我们希望每个人都有平等的财产获取权。

我们刚刚经历的次级抵押贷款——和次贷法——让我们重新审视曾经习以为常的法规。它还提醒我们：我们多么依赖运作良好的市场，而法律为保障市场和财产权利发挥了巨大作用。自由派和保守派都从中领悟到，法律在促进自由、平等、繁荣和民主的同时，以各种方式塑造并保护着财产权利和市场自由。

## 五、民主的自由

要建构一个新的范式来思考市场与法规的关系是一大挑战，对此，我提出了民主的自由这个概念。我们生活在一个自由和民主的社会，其前提是将自由、平等、民主作为核心价值。这意味着我们憧憬人人受到同等的关心和尊重，人人有权在不触犯他人权利和自由的前提下按照自己的意愿自由生活，人们有权运用民主程序来自治、界定和保护他们的基本权利。

如果我们去思考何为生活在一个自由民主的社会，就会明白所有的社会经济关系都必须遵守含有最低标准的法规，从而确保个人在行使自由的同时不妨碍他人自由。低于最低标准的关系被禁止，比如次级贷款。自由并不意味着为所欲为，它意味着通过自由选择、集体决定来采纳那些让彼此和睦相处、共同繁荣的法律。我们可以随心所欲，但不能逾越通过民主手段而采纳的法规界限。要想实现自由,就要建立民有、民治、民享的政府。我们所珍惜的自由离不开法规;这种自由是在我们共同选定的法规之下与他人生活的自由,而法规设置最低标准以确保我们——每一个人——都可以追求幸福。

第二章解释为什么法规对于自由和民主都很重要。次贷危机的潜在原因之一是,银行人员和其他市场参与者不了解法规所发挥的效用。银行没有在普遍认可的合法规则和操作内赚取利润,而是规避法规。美国将"法规"妖魔化的嗜好,是次贷危机之所以发生的一个潜在因素。我会论证,法规并没有干扰自由权和财产权利,法规只是法治的代名词,一个自由而民主的社会需要法律。

历史可以更好地帮我们看清这个真相。保守派和自由派所珍视的自由,是在对抗封建制度、贵族统治、奴隶制度、种族隔离和性别歧视的历史进程中演变而来。自由而民主的社会将那些违背自由和平等价值观的市场和财产合约视作违法的。没有这些法律基础结构,没有这些法规,我们既不自由,也没有权利拥有自己的财产,更不会从市场中获益。

第三章解释为什么消费者保护法不仅远没有干涉自由市场,反而是经济交易和经济自由的重要基础。欺诈或不公正行为不仅破坏市场信心,还打击市场参与的积极性,最终损害了经济。此外,当他们以虚假或误导性的借口骗取顾客财产时,这种行为已构成盗窃,破坏了财产权利和个人尊严。[①] 消费者保护法既不干扰我们的自由权,也没有家长专制式地剥夺我们的选择权。消费者保护法不但没有抑制"自由市场",而且确保我们在进入市场时获得所需,不再担心被企业欺骗。

市场本应为我们的利益服务,允许我们依个人所好获得所需。但当我们进入市场关系时,我们仍需要法律来保护我们的合理预期。我们不

---

① 自由意志论者倾向于将欺诈看作一种盗窃行为。参见大卫·鲍兹:《自由意志论:入门读物》(David Boaz, *Libertarianism*: *A Primer*,75,1997)("欺诈是一种盗窃")。

仅希望能够自由地选择合同条款,还希望不用担心被缔约方欺骗或伤害。有鉴于此,保守派同自由派一样,都推崇强有力的消费者保护法。这些法律不是限制而是促进契约自由;不是侵犯企业所有者的财产权,而是保护消费者的财产权。事实上,消费者保护法不但没有干涉自由市场,反而促进其良好运行。

第四章阐释了为什么私有财产需要法律基础结构。如果我们不能比较清晰地界定谁拥有什么财产,财产权利也就不复存在。但如果我们不能确保财产权利不会被滥用而对他人造成伤害,那么法律基础结构也不能公平运作。次级抵押贷款的营销机制违背了借款方的合理预期,损害了土地所有权的明晰度。这些次贷操作就是活生生的例子,提醒我们为何需要法律来制定一个可行的基础结构,既保障市场,也保障私有财产。

第五章从政治层面对法规进行了阐述,解释为什么自由派和保守派的价值观比我们预想的有更多共识。两极分化的政治体系和激烈角逐的竞选,让人误以为美国是一个分歧严重的国家。虽然就某些问题、在某些方面确实存在严重分歧,但是政治辩论已经变得过于片面和极端,放大了分歧。事实上,美国人之间的共识比我们想象的要多得多。与我们的假定相反,我会解释为什么保守派——以及甚至是自由意志论者——应该喜欢法规。法规(即"法治")对个人自由和私有财产都极为重要。保守派的价值观实际上支持具有自由派倾向的、为市场和财产权利都界定了最低标准的法规。合理构建的法规提升而不是损害保守派的价值观。

我同样会解释为什么自由派应该喜欢自由市场和私人财产。与保守派不同,自由派并不认为对经济生活的规范是对我们的自由或财产权的侵犯。事实上,自由派对"大企业"和"自由市场"持怀疑态度。次贷危机刚好印证了他们的担忧,这更有可能激发他们夸大其辞,认为市场的固有问题难以解决。这也会让保守派认为自由派不支持"自由市场"。

然而自由派其实并不反对市场。他们既不赞成国有经济，也不禁止经济交流。他们想要的只是市场。自由派对于从管理不当的市场中滋生的不公正行为，持适当怀疑态度，同时对保守派和自由意志论者崇尚的许多价值观表示赞许。与我们假定的相反，自由派支持市场。毕竟，自由派与保守派同样仇视封建主义。自由选择这个概念既是保守主义的价值观，也是自由派的价值观。

理解合理建构的市场如何体现自由主义价值观，将有助于自由派发现他们与保守派价值观有许多相同之处。这也能帮助自由派用保守派理解并支持的话语来捍卫他们的提议。同样，虽然自由派可能为穷人感到担忧，但这并不意味着他们不重视私有财产，只是想确保人人有份。如果是这样，那么问题就变成如何将财产惠及更多人，这也是保守派所倡导的价值观。推广财产获取的途径有好有坏，次级贷款恰恰属于坏的那种。但所有权不是保守派独有的价值观，自由派也提倡所有权。这并不意味着拥有自己的住房一定比租房好，只是说在一个自由、民主的社会中，保障我们有途径获得所需以实现圆满人生，是私有财产体系的核心功能之一。

第六章为本书总结部分，阐释了民主国家通过取缔有损我们尊严的次贷行为来推动自由。我们追求在一个自由民主的社会里生活，这意味着我们需要法律。法律为市场关系和财产权利设置最低标准。我们运用民主、政治手段为市场和财产关系制定最低标准，这些标准同自由、民主社会的准则和价值观相匹配，确保人人享有同等的关心和尊重，确保人人享有追求机遇和幸福的平等自由。

达不到这些最低标准的行为之一就是次级贷款。法律，或者说法规的职责是使人们不再为次级产品和次级合约而担忧。正如抵押贷款市场区分优质贷款和次级贷款，市场也区分优质和次级市场。我们反对的不应是"自由市场"，而是建立在不公和欺诈之上的次级市场。我们反对的不应是"法规"，而是破坏自由、平等机会以及繁荣的次级法规。我们追求的应该是合理的法规和公正的市场。法规可能适得其反，导致不必要的干扰，在这一点上，保守派是正确的。但自由派也没错，市场也可能导致不必要的破坏及反作用。这个难得的教训，拜次贷市场所赐。

我们应该拥抱民主的自由，即自由、平等、民主及法治。我们需要建立符合自由、民主社会价值观的法律基础结构。诚然，不当法律会损害自由并剥夺了合法财产，对此，我们不应忘记。但是，合理法规既不会剥夺我们的自由，也不会剥夺我们的财产。相反，法规，只要合理构建，可以让人人成为业主，有家，有舒适快乐的生活，有一席之地。现在美国人该明白法规只是法治的代名词了，法治既不会贬低我们，也不会禁锢我们，法治赋予我们自由。由于我们生活在一个自由和民主的社会，所以我们需要一个政治体制，既能体现民治的政府，也能体现我们对"人人生而自由、平等"这个理念的最根本的、准则性承诺。法规没有阻碍这些目标，而是通往这些目标的路径。

# 第二章 为何一个自由和民主的社会需要法律

美利坚合众国不得授予贵族爵位。

——美国联邦宪法第 1 条第 9 节第 8 款

2013 年秋季,茶党导致联邦政府停摆事件,几乎造成美国债务违约。这场运动言辞之激烈,态势之紧张,好似我们正面临着一场针锋相对的哲理大战。右翼是那些讨厌政府、热爱自由的人士,左翼是热爱政府、厌恶自由的人士。对停摆事件的辩论最引人注目的是对左翼缺乏准则信心。我们听到各种演说,要支付账单,要执行律法,要允许政府开展工作以保护公众等,唯独听不到关于政府与自由关系之见解。

我们深陷一种固化思维范式:政府行为是强权,个人行为才是自由。政府保护我们安全的方式看似有很多,如建立社会保障、医疗保险和失业救济等保险制度;保护我们免受外敌入侵;阻止我们相互侵害。但政府及政府法规如何促进自由,却不清楚。即使是自由派,也不知道如何阐述政府是自由的保障,而非自由的敌人。

政府从哪儿来?如果政府所做的一切就是为了剥夺我们的自由权,为何我们当初还要建立政府?我们的国家意识源于托马斯·霍布斯

(Thomas Hobbes)和约翰·洛克(John Locke)编的一则寓言。① 在这个虚构的故事里，一开始并没有政府，人们可以自由欢喜地做事，其中一件令人愉悦的事就是伤害他人、窃取他人财物。因为那时人们很容易受到伤害，所以便以社会契约的方式联合起来，创建了政府，来保护生命、自由和财产。英勇的美国人西部拓荒的事迹——开垦荒地、辛勤耕耘，并确立了财产权利——强化了这一虚构。拓荒人之前所做的一切无须政府帮助，而自政府出现，便一直干预他们的生活。

这些起源故事貌似解释了政府的局限性。洛克等人之所以如此描述政府，是因为政府被当作保护人们免受坏人侵害的权宜之计。政府似乎成为干涉者。我们情愿享有自然自由权，也不愿通过纳税来保护自己免受坏人伤害。我们极不情愿地创建政府来保护我们；政府颁布的法律通过限制我们的自由权来保障我们的安全。

这些自然自由权和西部定居的故事如出一辙，让人信以为真，却全然是传说。它们既缺乏历史的真实性，在准则上也模棱两可。真相是，我们的政府形式并非源于自然状态亦非源自西部荒野。它不是从无到有的。它之所以产生，是因为我们美国人摒弃了之前的各类政府。我们决定废除君主制和贵族头衔，废除世袭官爵和独裁法令，民主源于我们反对之前与"人人生而平等，享有生命权、自由权和追求幸福权利"等理念相违背的政治制度。这些政治制度是自由的敌人，但我们并不是反抗或改革这些制度的先锋。英国宪政便是先例，它源于漫长的历史进程，既摒弃了封建制度最令人反感的一面，又保留了君主制和贵族权利。

如果我们反观真实的历史，而非洛克式的杜撰或美国神话，我们会意识到保守派和自由派所珍视的自由都需要政府法规，包括废除封建制度和奴隶制。我们所信奉的自由，需要取缔以契约奴隶和封建愚忠为特

---

① 托马斯·霍布斯：《利维坦》；约翰·洛克：《政府论·下篇》(*Leviathan*，C. B. MacPherson ed.，Penguin Classics 1968，original 1651；John Locke，*The Second Treatise of Government*，Peter Laslett ed.，1988，Cambridge Univ. Press，2009 reprinting，original 1690)。

征的财产和合约权利。我们生活在一个自由、民主的社会,这种社会的前提是自由、平等和民主的基本价值观。因为我们承诺待人以尊严,相信自我决策,所以我们制定法律,禁止建立与我们最崇尚的价值观不符的人际关系。

如果了解真实的历史,我们就知晓法规对于促进自由、保障财产的必要性;我们会意识到,保守派和自由派其实有许多共识,而并非新闻报道所谓的党派之争,两党分化。美国人或许会说讨厌"法规",但行动上却大力支持自由、平等和民主。

美国民主是人类的一项丰功伟绩。它的产生不是因为我们摒弃法规,而是因为我们欣然接受了禁止奴役及从属关系的法律;因为我们取缔了与"自由民主社会倡导人人享有平等的关心和尊重"的价值观相违背的财产合约和契约关系。我们珍爱的自由并非源于解除法规,相反,我们能享受自由恰恰是因为法规。

## 一、关于政府和私有财产起源的传统故事

美国人从小就被告知,他们的祖先移居西部,创建农场和家园,并由此建立财产权利。在这些传统故事里,政府是不存在的。如果有政府,也是先有西部移民,后有政府,政府通过制定法律来维护他们的劳动成果。在这些故事里,政府是后来添加的,而不是构成要素。

这个故事在美国深入人心。它不仅来自民间故事,还源于托马斯·霍布斯和约翰·洛克教授教给我们的那个关于产权的虚构历史。[①] 根据这个说法,一开始是没有政府或法律的"自然状态"。我们所理解的私有财产并不存在;土地不由个人所有(霍布斯的观点)或集体所有(洛克的

---

① 托马斯·霍布斯:《利维坦》;约翰·洛克:《政府论·下篇》(Thomas Hobbes, *Leviathan*, C. B. MacPherson ed., Penguin Classics 1968, original 1651; John Locke, *The Second Treatise of Government*, 57, at 306, Peter Laslett ed., 1988, Cambridge Univ. Press, 2009 reprinting, original 1690,原文为斜体)。

观点）。只有当个体联合起来，共同缔造社会契约来保护农民，使耗时数月、辛苦耕种的庄稼不被匪徒所盗时，私有财产才出现。

洛克认为，财产权利先于国家存在，国家的产生仅是为了保护先前获得的权利。霍布斯认为，只有在法律的保护下，财产权利才得以存在，所以财产权利仅在法律和政府保护下才能产生。无论何种情况，财产权利都是个人行为——个人将开放的土地圈为私有，用于农作或放牧，构建了财产权利的起源。但这些权利在自然状态下容易受到侵犯。社会契约形成国家，国家通过法律保护财产权利。无论财产权利是否先于国家产生，只有拥有正常法律制度的主权国家，才能保障财产权利不会如梦幻泡影。

大多数财产法教授讲述的故事大同小异，即把首次占有作为财产权利的起源。[①] 对该原则最常见的讲授方法就是分析皮尔逊诉波斯特案。[②] 在那个案例中，两名猎人为一只狐狸的所有权争执不下：狐狸该给追捕了它数天、即将得手的猎人，还是该给突然闯入、抢先猎杀狐狸的猎人？财产法把它判给了开枪给予狐狸致命一击的猎人。

财产法教授和经济学家也广泛参考了哈罗德·德姆塞茨（Harold Demsetz）的著作：他认为财产权利的产生是为了避免"公用地悲剧"。[③] 土地或森林的公有化，会使个人赶在其他人之前尽量多地索取土地中的资源。这将引起土地资源竞争，并可能导致土地因过度开发而遭受破坏。每个人都为了更快更多地获利而从中索取；如果你只一味等待，别

---

① 有关将首次占有作为财产根源的相关理念，参见理查德·A. 艾珀斯坦：《占有是所有权的根源》；詹姆斯·E. 克里尔：《进化理论和产权的起源》；卡罗尔·M. 罗丝：《作为财产起源的占有》(Richard A. Epstein, *Possession as the Root of Title*, 13 Ga. L. Rev. 1221,1979；James E. Krier, *Evolutionary Theory and the Origin of Property Rights*, 95 Cornell L. Rev. 139,2009；Carol M. Rose, *Possession as the Origin of Property*, 52 U. Chi L. Rev. 73, 1985)。关于此观点的评论，参见约瑟夫·威廉·辛格：《财产的原始占有：从征服和占有到民主和机遇平等》(Joseph William Singer, *Original Acquisition of Property: From Conquest and Possession to Democracy and Equal Opportunity*, 86 IND. L. J. I,2011)。

② 皮尔逊诉波斯特案（2 Am. Dec. 264,N. Y. 1805）。

③ 哈罗德·德姆塞茨：《论财产权利的理论向度》(Harold Demsetz, *Toward a Theory of Property Rights*, 57 Am. Econ. Rev. 347，354—358,1967)。

人只会索取更多，而留给你的却不剩分毫。尽管这种做法可能会降低土地价值，但是没有什么鼓励措施来促使个人去适度使用土地，从而最大限度地实现土地的长期潜力。行动慢的人会一无所得。虽然从社会的角度来看，适度使用土地符合长远利益，但个人只会为获取短期利益而过度使用土地，这也在情理之中。相比之下，给予业主一块土地作为私有财产，他就不得不精心核算过度使用的成本，反而能促成资源的有效利用。财产权利让业主有动机最大限度地发挥土地价值，因此有人认为财产权利的存在增加了社会财富。

这些故事都假定土地资源很充足，即使人们被赋予驱逐他人离开自己土地的权利，也不会让他人无家可归或失去建家立业的机会。如果人们可以自由地向西部发展，并能得到需要的土地，那么政府唯一合法的作用，就是保护业主免受入侵或伤害。政府对财产的监管只会干扰你随心所欲地处置自己土地的自由。

这种传统故事听起来很迷人，却只是传说。下面才是真正的历史。

## 二、封建制度在英格兰的兴衰

忏悔者爱德华（Edward the Confessor）在英格兰历史上绝不是最糟糕的国王，但他的确犯下了不可宽恕的罪过：死后没有继承人，指定的接班人亦模棱两可。① 征服者威廉（William the Conqueror）——又号称杂

---

① 对于这段历史的介绍，参见弗兰克·巴洛：《英格兰的封建王国，1042—1216》；大卫·卡彭特：《霸权之争：企鹅英国历史，1066—1284》；理查德·赫克罗夫特：《执政英格兰，1042—1217》；埃德蒙·金：《中世纪英格兰：从海斯汀斯到博斯沃思》（Frank Barlow, *The Feudal Kingdom of England*, 1042—1216, 5th ed. , 1999; David Carpenter, *The Struggle for Mastery: The Penguin History of Britain*, 1066—1284, 2003; Richard Huscroft, *Ruling England*, 1042—1217, 2005; Edmund King, *Medieval England from Hastings to Bosworth*, 2009)。也参见伊恩·莫蒂默：《穿越中世纪英格兰：14 世纪导游手册》（Ian Mortimer, *The Time Traveler's Guide to Medieval England: A Handbook for Visitors to the Fourteenth Century*, 36—59, 2008）（解释了有关 14 世纪的社会关系）。

种威廉——声称爱德华曾答应让他继承王位,但是在爱德华临终之时似乎又指名哈罗德・戈德温森(Harold Godwinson)继承其位。哈罗德即位后,威廉从诺曼底穿过英吉利海峡争夺王位。威廉打败了哈罗德军队,并在黑斯廷斯战役中杀死哈罗德及其兄弟后,于1066年的圣诞节当天被加冕为国王。不久之后,威廉国王建造了"白塔"(至今仍矗立在伦敦塔中央),并以此作为军事据点,逐步征服了英格兰。

短短数年,威廉几乎剥夺了所有英格兰贵族的产业,继而让他的亲信管理。威廉声称自己拥有整个英格兰,并把英格兰分成好几等份,封给他的亲信,亲信便成为封建领主;作为回报,这些领主有义务提供骑士抵御国内外敌人以保卫王国,或提供宗教服务以保卫王国和国王的灵魂。相应地,那些领主通过与佃户缔结协议进行再"分封",佃户可以在土地上耕作,但要向领主提供所需要的各项服务。那些次领主或下属,也会进一步签约自己的佃户,等等。封建阶梯的底层是以耕作土地为生的农民。底层之下是农奴(隶农)——婉言称之曰"非自由农"—— 实质上就是奴隶。①

英格兰的封建体系十分复杂,各地不尽相同,并随时间推移不断变化。然而,这种封建制度的诸多方面,与我们当下的与"自由市场"休戚相关的社会和法律环境截然不同,自然也理应被保守派和自由派所嫌弃。在英格兰的封建体系中,没有土地的全部所有权,更确切地说,人与人以效忠相连,从我们现代意义上来说,没有人是自由的。

领主们向国王表忠诚,佃户们向领主表忠诚。这意味着佃户们不仅要履行具体义务,而且总体来说还要对领主言听计从。② 虽然领主受限

---

① 参见大卫・卡彭特:《霸权之争:企鹅英国历史,1066—1284》(David Carpenter, *The Struggle for Mastery: The Penguin History of Britain*, 1066—1284, at 84—87, 392—430, 2003)(描述了英格兰早期封建社会结构)。

② 大卫・卡彭特:《霸权之争:企鹅英国历史,1066—1284》(David Carpenter, *The Struggle for Mastery: The Penguin History of Britain*, 1066—1284, at 84—85, 403—406, 2003)(描述有关忠诚的实践)。

于约定俗成，不能肆意妄为地支使佃户，但佃户不是独立的，归属于领主。佃户不能轻易搬迁：起初，未经领主的许可，他们不能出售土地，更无法换工作或移居其他城市；他们不仅受制于领主，还束缚于领主的属地。

对女人的限制就更多了：她们受制于其父亲、兄弟、丈夫或宗教秩序。如同男人受制于其领主一般，女人受制于有权决定她命运的男人。[1]与平等地位所缔结的公民契约关系不同，封建英格兰给我们呈现的是一个个人生活状态由其社会地位所决定的社会；一个由领主、平民、农奴，由主教、牧师、僧侣，由妻子、姐妹、女儿、修女所定义的社会。[2]

在英格兰的封建体系中，我们看不到地位平等的人们拥有广泛的财产权利，可以随心所欲地掌控他们的产地，享有出售、抵押、租赁或者放弃土地的选择权。在封建时期的英格兰，由于政党、政府权力与财产权利相结合，领主们不仅能控制他们的财产，还掌控属地范围内的人。领主们对在其属地上生活的佃农有生杀大权；通过掌控庄园法庭，他们有权掌管那些被允许生活在其属地的人。这一权力得到了教会官员们的宗教制裁和军事力量的支持。

随着时间的推移，经过政治斗争和法律变革，领主的政治权利增强而王权减弱，领主会议成为议会，约翰王被迫在《大宪章》(Magna Carta)上签字。但与此同时，在财产法领域，领主权力逐渐减弱。[3] 随着国王亨

---

[1] 有关这一时期的女性社会角色，参见大卫·卡彭特：《霸权之争：企鹅英国历史，1066—1284》；伊恩·莫蒂默：《穿越中世纪英格兰：14 世纪导游手册》(David Carpenter, *The Struggle for Mastery*：*The Penguin History of Britain*，1066—1284，at 415—422，2003；Ian Mortimer, *The time traveler's Guide to Medieval England*：*A Handbook for Visitors to the Fourteenth Century*，54—59，2008)。

[2] 参见伊恩·莫蒂默：《穿越中世纪英格兰：14 世纪导游手册》(Ian Mortimer, *The Time Traveler's Guide to Medieval England*：*A Handbook for Visitors to the Fourteenth Century*，39—59，2008)(描述了中世纪的社会阶层)。

[3] 相关历史记录，参见 A. W. B. 辛普森《土地法历史》(A. W. B. Simpson, *A History of the Land Law*，2d ed. 1986)。

利二世颁布的普通法(common law)逐渐发展,宫廷大大削弱了领主法庭的权力,开始保护佃户们的财产权利。[1] 佃户们之前没有人身自由,现在得到权力和保护,不再遭受领主暴政。

更为重要的是,随着时间的推移,宫廷开始监管财产权利,将权利从领主下放至佃户,让每个英格兰人愈加真实地做自己城堡的主人。皇家法院对所有财产权利实行司法管辖,加大保护佃户力度,禁止领主任意驱逐佃农。随着农民对自己土地控制权的增加,他们获得更多的自由,不再任由领主摆布。农民所获取的财产和自由并非源于取缔法规;他们的独立,源于限制领主权利的法规,源于从领主到佃户的财产权利的再分配。

这个观念或许很难接受。洛克式的传统思想如此之深入人心,以至于我现在说,自由源于取缔特定的某类契约、源于对业主权利的规范,反倒有悖于我们的直觉。但是,如果我们仔细看看被我们摒弃的社会制度和生活方式,那么自由来源于法规这个概念会更容易被理解。正如我们设想的那样,民主、自由权和私有财产,源于对封建制度的反对。为确保个人有权决定自己该如何生活,如何掌控、买卖财产,必须要剥夺领主们的财产权利,将之再分配给佃户们;必须要取缔那些让佃户受制于领主、任领主宰割、为完成领主的吩咐必须赴汤蹈火的契约。保守派和自由派一样,从废除封建契约和封建财产的监管法规中获利。保守派也和自由派一样,对财产权从领主下放到佃农的再分配欢欣雀跃。保守派可能厌恶重新分配,但如果没有它,我们就不会有私有财产,而可能会被奴役;保守派可能会贬低法规,但他们所珍视的自由和财产权利都只因法规而生。

---

[1] 理查德·赫克罗夫特:《执政英格兰,1042—1217》;埃德蒙·金:《中世纪英格兰:从海斯汀斯到博斯沃思》(Richard Huscroft, *Ruling England*, 1042—1217, at 176—187, 2005; Edmund King, *Medieval England from Hastings to Bosworth*, 68—72, 2009)。

### 三、美国的封建制度

　　这样的故事不仅仅发生在英格兰。封建制度在美国的纽约州和新泽西州很早就有涉足。[①] 17 世纪 60 年代初，国王查理二世派遣了理查德·尼科尔斯（Richard Nicolls）入侵纽约州，并从荷兰手中将之夺走。成功占领纽约州后，尼科尔斯遵循国王的进一步指令，驻扎新泽西州。尼科尔斯与来自马萨诸塞州和长岛的几个不同宗教异己团体签订地契，让他们定居于北部的伊丽莎白城和新泽西州中部沿海的蒙茅斯郡（Monmouth County）。这些契据赋予移民者土地所有权，但也包括七年内须支付封建地租的义务。后来国王将新泽西封给了他的兄弟詹姆斯（约克公爵）。约克公爵随即将它分封给乔治·卡特雷特（George Carteret）和乔治·伯克利（John Berkeley）二人。他们成为新泽西的新领主，之后任命卡特雷特的表弟菲利普为新泽西州的第一任总督。菲利普·卡特雷特（Philip Carteret）与一小队士兵抵达新泽西，向他的新臣民介绍自己，告诉臣民们他们现在有了新的领主，应对他尽忠，同时向他缴纳租金。

　　新泽西定居者们拒绝承认这些领主，他们辩称，自己已经获得了土地所有权，还没有臣服过任何领主。因此，他们拥有土地所有权，无须对领主尽任何义务。这些定居者还声称，一旦被授权，国王就不能再剥夺这些权利，也不能违背他们的意愿强加一个领主给他们，这侵犯了他们的财产权利。一些人还论证说，他们的土地所有权，是通过与居住在该地区的伦尼—莱纳佩族印第安人（Lenni-Lenape Indians）的交易所得的。

---

① 布伦丹·麦康维尔：《扰乱公共安宁的大无畏者：早期新泽西州财产和权力斗争》；查尔斯·麦柯迪：《纽约法律和政治反租时代，1839—1865》（Brendan McConville, *Those Daring Disturbers of the Public Peace：The Struggle for Property and Power in Early New Jersey*，1999；Charles W. McCurdy, *The Anti-Rent Era in New York Law and Politics*，1839—1865 ，2001）。

另一些人辩称他们是自己土地的主人,因为他们在那块土地上劳作,建立了家园和村庄。因此,定居者有三种潜在的所有权来源:先前承诺过的无须承担任何现行封建义务的契约、与印第安人签订的条约以及自己的劳作。他们坚定地声称,领主提出让他们臣服及缴纳租金的要求,不能违背他们的意愿,强加给他们。①

显而易见的是,无论是卡特雷特总督,还是伯克利勋爵或菲利普·卡特雷特,都无法接受这样的反应。然而当地居民毫不退缩,不但拒绝承认自己有领主,也不承认亏欠领主封建地租,还声称他们拥有管理自己城镇的权利。也就是说,他们拥有土地所有权,无须对任何领主缴纳租金,并且有能力自己管理城镇。他们在上帝和国王面前是平等的,不会屈服于强加征税或领主统治。领主们抵制了自由土地保有者(freeholder)的要求,结果引发了持续了一百多年的不温不火的内战,直到国家独立的前几年才结束。领主的子嗣(称"地主"〔proprietors〕)继续谋取封建地租,自由土地保有者的子嗣以非暴力和暴力相结合的手段进行抵制,直到获得最终胜利。

新泽西州后来取缔了封建制度,土地所有权的形式在今天称为"不限嗣产权"——财产是可继承和让渡的,无须对任何领主尽义务。新泽西州的土地所有权没有集中到两位领主手中,而是分散于众多业主之中,土地可自由买卖。革命战争结束后,政府由这些自由土地保有者民主选出;公务人员非君主任命,也非领主继承人,公职专权被废除。可以说,每个人都是自己领地的主人,更确切地说,再无领主这一说。男人们之间是自由和平等的。当然自由平等这一原则是有限的:新泽西州存在奴隶制,只有业主才有投票权。妇女也不能算作自由和平等的人。但这一原则被确立了,而且原则一旦在世界上被释放,就会迸发强大的生

---

① 此处简缩了较为复杂的历史,其概述参见布伦丹·麦康维尔:《扰乱公共安宁的大无畏者:早期新泽西州财产和权力斗争》(Brendan McConville, *Those Daring Disturbers of the Public Peace: The Struggle for Property and Power in Early New Jersey*, 12—27, 1999)。

命力。

蒙茅斯郡的首府就叫"弗里霍尔德"①，而郡政府，迄今仍被称为自由保有者代表委员会。有着自由保有权运动的新泽西州，是美国的财产概念的诞生地之一，也是自由和民主的发源地之一。②

美国会发展成一个民主国家，在当时是无法预知的。正如卡特雷特和伯克利试图在新泽西州建立封建制度一样，基利安·范·伦塞勒(Kiliaen van Rensselaer)在纽约州北部也建立了封建政权，当时的纽约州还在荷兰人统治之下，被称作新荷兰(New Netherland)。

1629 年，伦塞勒被授予哈德逊河沿岸广阔土地，但他拒绝出售；相反，他与佃户签订了封建租约，将自己当作封建领主，要求佃户履行的义务包括定期支付租金及履行对领主的其他应尽义务。③

同新泽西州发生的故事一样，这些财产权利合约导致了范·伦塞勒的子嗣与"佃户"的长期斗争，"佃户"否认缴租的义务，理由是土地被占领前他们已经购买了该土地。这场斗争涉及政治和法律，包括选举政治和法律诉讼，并经常引发非暴力反抗，使得纽约人陷入叛乱的边缘。虽然法院和立法机构经常站在地主这边，但有时他们也支持佃户。

例如在"1852 年德·佩斯特诉迈克尔案"④中，纽约上诉法院裁定，范·伦塞勒的继承人，在契约中强加的"四分之一售价"条款无效。该条款要求无论何时出售土地，该土地的四分之一售价归原领主继承人。由

---

① 即 Freehold，意译为"自由保有；永久产权"。——译者注
② 该历史版本基于布伦丹·麦康维尔：《扰乱公共安宁的大无畏者：早期新泽西州财产和权力的斗争》(Brendan McConville, *Those Daring Disturbers of the Public Peace：The Struggle for Property and Power in Early New Jersey*，12—27，1999)。也参见爱德文·P. 坦纳：《新泽西州，1664—1738》(Edwin P. Tanner, *The Province of New Jersey*, 1664—1738，1967)。
③ 查尔斯·麦柯迪：《纽约法律和政治反租时代，1839—1865》(Charles W. McCurdy, *The Anti-Rent Era in New York Law and Politics*, 1839—1865, at 2, Chapel Hill, N. C.：Univ. of N. C. Press 2001)。
④ 德·佩斯特诉迈克尔案(De Peyster v. Michael, 6 N. Y. 467, 1852)。

首席法官查尔斯·拉格尔斯(Charles Ruggles)执笔的法院意见详细解释说,纽约州人民已经通过法律废除封建制度。废除封建制度的一个重要结果就是土地可自由让渡。对土地转让的限制,如出售前须获得领主同意,或对转让的彻底限制,侵犯了现有业主的权利。

"四分之一售价"限制条款被认为大大影响了土地的可转让性,因此被判无效。法院解释说,"对不限嗣产权的转让限制源于封建制度……"最初,封建制度下的土地业主未经领主许可不能出售土地,若领主不允许出售,则业主必须服从领主,被土地束缚。首席法官拉格尔斯认为,这种社会契约在民主社会中是不能容忍的。"这种转让限制是暴力的、反自然行为,"他写道,"与财产的性质和价值相悖,与人们与生俱来的、对独立的普遍热爱相悖。"[①]这里的独立,不是指脱离政府法规的自由,而是不受领主控制的自由。自由,按首席法官拉格尔斯的说法,需要制定法规,剥夺私人业主(领主)的非法权利,并将这些权利重新分配给其他私人业主(租户)。只有对契约和财产进行规范,自由才能产生。

虽然纽约州审判结果不如新泽西州那样明了,但两州的立法机构和法院都强烈反对封建政治体制和封建财产制度,并颁布法律废除了封建关系。这一举措的含义并不总是很明显,例如,地主—佃户法仍然被保留。但是,很显然,有些签订的土地协议是不合理的。总体来说,将租户束缚于土地,并限制其出售土地或搬迁的权利,是非法的。尽管租赁关系一直维持至今,但美国法律限制了房东对租户的权利:房东可以收取租户租金,但无权掌控他们;租户对房东有义务,但不用为其服务。美国对封建制度的废除,是通过对领主关系的废除,或者通过让所有人都成为自己领地的主人来推进民主进程。当拉格尔斯说及美国人对独立的热爱,指的就是这个。

鉴于此因,随着时间的推移,几乎所有的州都废除或大大限制了所

---

① 德·佩斯特诉迈克尔案(De Peyster v. Michael,6 N. Y. 489,1852)。

谓的"限嗣继承不动产"这种土地所有权。这种限嗣继承不动产,赋予业主终生的所有权,死后由其继承人继承此项权利。该产权业主不能损坏未来继承人的利益,只要家族香火延续,他们的权利就会持续。只有当家族香火无以为继,所有权才会落入让渡人的旁系亲属继承人之手或者归还给政府。[1]

限嗣继承不动产与不限嗣产权截然不同,后者是美国最受欢迎的所有权形式。不限嗣产权是可完全转让和继承的,但继承人对该财产没有既得权利。若不限嗣产权的业主死后未留下遗嘱,财产由法定继承人继承。若业主死后留下合法遗嘱,财产则由遗嘱指定继承人继承——哪怕业主剥夺了其子女的继承权。如果业主在其生前出售地产,则买方享有卖方权益,卖方继承人对此土地再无权益。相比之下,如果限嗣继承不动产的业主出售地产,买方只能在卖方生前享有此地产;当卖方死后,产权则立即归由卖方继承人所有。[2]

谁会购买这样的产地? 限嗣继承不动产将土地绑定于单个家族,因而阻止了土地在市场上的自由转让。它阻碍了原业主继承人对财产的剩余权益。由于买方权益因卖方死亡而自动终止,限定继承权的土地并没有真正被卖掉。该体制将继承人捆绑在土地上,而另一方面,不限嗣产权允许人们出卖自己的土地并自由搬迁;业主可以出售并获取土地的全部所有权。废除限嗣继承不动产是美国反封建制的一部分,是创建现代房地产市场的必要条件。

## 四、法规如何废除封建制度

为什么这段历史很重要? 因为它教会了我们有关财产性质、自由市

---

[1] 参见克莱尔·普里斯特:《建立美国财产法:美国历史上的财产转让及其限制》(Claire Priest, *Creating an American Property Law: Alienability and Its Limits in American History*, 113 Harv L. Rev. 1, 1999)。

[2] 同上书。

场和自由权的极端重要性。保守派主张有限政府,要求将财产所有权与政治权力分离。业主有权管控自己的财产,但无权掌控他们在其土地上的租户或客人的生死。要建立自由社会,既要广泛分配财产(不止一两个领主)、废除不平等的地位,又要限制业主权利,不得让业主操控进入其产权范围内的人的命运。

这意味着我们需要那些废除特定种类的契约和产权合约的法律。如果有人试图构建某类封建协议,法律将不予认可。为了建立私人产权、创建自由市场,我们需要用法律来促进财产所有权的广泛分配,禁止执行体现地位等级差异的契约或通过主仆关系而将人束缚于土地的契约。我们需要废除契约奴役制,需要自由而独立的人们,而非忠诚于领主的奴仆。一个拥有自由市场的社会禁止封建契约。

注意这其中的隐含之意。由于自由派比保守派更迅速地支持“法规”,所以有时被认为是“自由市场”的敌人。但实际上,自由派强烈赞同市场所代表的自由,包括不受领主专权压迫的自由以及选择如何生活的自由。相反,保守派支持的法规比我们预想的更多。和自由派一样,他们主张自由社会,人人平等,希望财产可以在市场上转手,这就需要取缔阻碍土地合理让渡的契约及产权协议。通过法制来禁止封建主义表明,私有财产和自由市场只有在限制契约自由和规范财产权利的前提下,才有可能产生。

保守派提倡小政府、自由市场和财产权利的保护,但我们只有将产权从领主那儿下放到平民,对财产权益进行重新分配、确保每个人都有机会成为业主,并规范契约和产权条款以防止建立封建关系,我们才能实现保守派向往的世界。没有法规就没有自由,没有法律就没有市场。自由市场的基础不在于政府法规的缺席,而在于废除封建制度的法规原则,在于依法提倡个人选择权。

相反,自由派并不赞成将人们束缚于土地或子承父业的协议。他们热爱自由,想自行决定住哪儿、做什么。但是要实现这些自由权利,必须要确保有资源支撑,有平等获取财产的机会,有允许自由行动和自由交换的市场。当然,自由派希望通过法规来确保交换的公平性及财产分布的广泛性,但这并不意味着他们反对市场或私有财产。同样,保守派崇尚自由交换,崇尚充分的财产权利,承诺地位平等,这意味着他们必须要支持那些禁止贵族权利、封建特权和效忠君权的法律,支持禁止这类契约关系的法规,并要支持废黜领主、让农民"翻身做主"的再分配体制。

美国财产法和契约法的核心是反封建,通过成文法、普通法和宪法的共同作用,确立市场关系的基准。事实证明,"自由市场"并非自由意志论者特有的观念,而"法规"并非自由主义的专属观念。自由主义者和自由意志论者都相信有必要通过法规取缔封建制度,从而建立自由民主社会的基础架构。

## 五、一个自由而人人平等的社会

随着时间的推移,在反封建原则中嵌入的平等概念逐渐被制度化,并不断蔓延。平等概念被体现在宪法修正案第一条关于废除任何国教的条款中。财产权利不再局限于某一种特定宗教成员,也不允许对信徒和异教徒进行法律意义上的区分。[①]《独立宣言》中的反封建原则明确表示:"人人生而平等,造物主赋予他们若干不可让与的权利,其中包括生存权、自由权和追求幸福的权利。"[②]

反封建原则被庄严地载入 1789 年的《宪法》第一条第九款,美国人民由此确保"美利坚合众国不得授予贵族爵位"。[③] 国会限制赋予君主和贵族的权利,这一条款并非简单之举,它代表了整部宪法的核心,表明了美国自由保有财产的平等制度和民主制度,与传统的等级分明的、地位

---

① 《美国宪法修正案》第 1 条(U. S. Const. amend. 1)。

② 《独立宣言》(The Declaration of Independence,1776)

③ 《美国宪法》第 1 条第 9 节第 8 款(U. S. Const. art. I, § 9, cl. 8)。

悬殊的英国封建等级制度的彻底决裂。各州以及联邦政府都不再有授予贵族头衔的权利,而必须按宪法要求,采取"共和政体"。① 该政体摈弃了等级制度、地位不平等原则及业主对进入其土地范围内的人的控制权。

美国内战、《第十三修正案》及废除奴隶制度都极大地拓展了地位平等原则的内涵。19 世纪中叶的《已婚妇女财产法》使这一原则更加彰显,该法将已婚妇女从先前的无地位中解放出来,赋予她们持有财产和支配自己财产的权利、起诉和被起诉权,以及在无丈夫允许的情况下也可签订具有法律效用的合同的权利。② 这些法律,虽然没有彻底地,但是部分地将妇女从丈夫任意支配权中解放出来。

百年之后,地位平等原则被纳入了 20 世纪 60 年代的民权法,确保市场准入(包括公共住房,就业和住房供给)不因人的种族、宗教或性别受限,并在 1988 年和 1990 年扩充修订了保障残疾人的平等原则。③ 如今,平等原则的涵盖面逐步扩大,包括男、女同性恋者,变性者和双性恋者。正是因为我们通过了相关法律对产权进行了重新分配、规范合同的可转让条款,并且禁止因阶级、等级、性别、宗教、种族、残疾,特别是性取向等因素造成地位不平等,自由市场和私有财产才得以存在。

## 六、美国财产法中的反封建原则

反封建原则并非久远遗迹,这一原则塑造了我们今天的财产法。例如,它解释了为何我们不特意强制执行劳动合同。如果你想辞职,我们可能会强制你赔付违约金,但法院不会命令你继续为雇主工作。④

---

① 美国联邦宪法第 1 条第 10 节第 1 款("任何一州都不得:……授予贵族爵位");美国联邦宪法第 4 条第 4 节("合众国应保障联邦各州实行共和政体……")。
② 约瑟夫·威廉·辛格:《财产法》(Joseph William Singer, *Property*, § 9.2.2, at 396—397, 4th ed. 2014)。
③ *Id.*, at § 2.6, at 47—79, § § 12.1 to 12.8, at 581—632。
④ 《第二次合同法重述》(Restatement〔Second〕of Contracts, § 367,1981)。

　　如果你尚未偿还债务,法院也许会下达将债务与你工资相挂钩的命令,但一般来说,我们不会因此把你送进债务人监狱,直至债务还清。①
我们这样做,并非因为我们不重视自由权或是不赞成"自由市场",而是因为自由权要求废除封建制度和契约奴役制。我们监管各种市场关系和财产协议,以确保作为独立的个体,我们可以在法律建立的合法规范之下,按照自己的方式管理家庭和事务。

　　诚然,我们有房东和租户,但房东并不等同于领主。房东有权从租户处收取租金,而租户无须为房东服务或效忠。租户可以自由活动,支配自己的家庭。② 例如,当你租用公寓时,你有权邀请朋友和家人到家中做客,而不必得到房东的许可。一般来说,房东无权阻止租户招待客人;该条例在租约中是无效的。③ 房东有权驱逐他们认为可能涉及犯罪的租户,并可阻止租户的客人长期入住,但这项权利也受规约和限制。身在自由民主的社会(已经废除封建制度的社会),房东既不能隔离他们的租户,也不能剥夺他们建立家园必要的自由权。

---

① 约翰·B.米切尔、凯利·库希:《迈向公正:驾驶执照与债务人监狱》(John B. Mitchell & Kelly Kunsch, *Access to Justice*: *Of Driver's Licenses and Debtor's Prison*, 4 Seattle J. Soc. Just. 439,444—446,2005)(描述了债务人监狱的废除)。也可参见伊莱恩·麦卡德尔:《首个公共服务创投基金"种子赠款"受助人质疑亚拉巴马州债务人监狱》( Elaine McArdle, *First Public Service Venture Fund "Seed Grant" Recipients Challenge Debtors' Prison in Alabama*, Harvard Law Today, June 13, 2014, http://today. law. harvard. edu/first-public-service-venture-fund-seed-grant-recipients-challenge-debtors-prison-alabama/ )。

② 这并不意味着租户对房东没有义务,比如租户有义务不随处丢垃圾,不滋扰邻居。约瑟夫·威廉·辛格、贝瑟尼·R.伯杰、内斯托尔·M.戴维森与爱德华多·莫塞斯·佩纳尔弗:《财产法:规则、政策和实践》(Joseph William Singer, Bethany R. Berger, Nestor M. Davidson, & Eduardo Moisés Peñalver, *Property Law*: *Rules*, *policies*, *and Practices*, 335—366, 761—767,6th ed. 2014)。

③ 房东诉租户案,《大西洋汇编·第二辑》;约瑟夫·威廉·辛格:《财产法》(State v. Shack, 277 A. 2d 369, 374,N. J. 1971;Joseph William Singer, *Property*, § 2.2.2, at 31—32,4th ed. 2014)。当然,租户的权利范围确实有争议。房东时常有拒绝出租给未婚情侣的现象。例如,参见麦克雷迪诉霍菲斯案,《西北判例汇编·第二辑》;《发回重审》,《西北判例汇编·第二辑》(McCready v. Hoffius, 586 N. W. 2d 723,Mich. 1998;*vacated and remanded*, 593 N. W. 2d 545,1999)。

新泽西最高法院贯彻了以上这一原则,规定农场主不得驱逐那些希望探访、并为租住其棚屋的农民工们提供服务的医生和律师。大法官约瑟夫·温特劳布(Joseph Weintraub)解释了废除封建制度的法制依据:"不动产所有权并不包括控制那些经业主许可而进入房屋或附属建筑的来访者的命运。"①租户既不是农奴,也不是仆人,自由民主社会的业主们无权如此对待他们。业主"不得侵犯工人隐私、不得妨碍工人享有生活尊严及进行公民间的正常交往的机会"。② 相关方也不得签订违反这些权利的协议。"这些权利极其根本,因而不得以享有不动产权利为名对其否认;这些权利也很脆弱,所以不能任由谈判实力不对等的租赁双方自行协商。"③租户有权拥有一个家,有权接待访客,这些权利高于房主的自由——即利用合同规定来确立财产关系、然后通过这种关系拒绝给予租户核心自由权的自由。

类似的价值观,解释了 20 世纪中叶反歧视法的演变。反歧视法依州法规定,废除了种族隔离,同时也规定私营企业要确保市场准入的平等,杜绝种族歧视。这些法律通过规范能被认可的财产权利的种类,来促进自由和平等。因为我们倾向于形成一种观念,即法规剥夺了自由和财产权利,所以当参议员兰德·保罗(Rand Paul)提出民权法干涉了业主权利,这也许就不足为奇了。在赢得肯塔基州共和党参议员初选的第二天,兰德·保罗接受了雷切尔·马多(Rachel Maddow)的采访。④ 虽

---

① 房东诉租户案(State v. Shack,277 A. 2d 369,374,N. J. 1971)。

② *Id.* at 374.

③ *Id.* at 374—375.

④ 亚当·纳格尼和卡尔·赫尔斯:《茶党选举引发公民权的轩然大波》(Adam Nagourney & Carl Hulse, *Tea Party Pick Causes Uproar on Civil Rights*, N. Y. Times, May 20, 2010, http://www. nytimes. com/2010/05/21/us/politics/21paul. htm? scp = 3&sq = rand%20paul%20civil%20 rights&st=cse)。也可参见查尔斯·默里:《成为自由意志论者意味着什么:个人解读》(Charles Murray, *What It Means to be a Libertarian:A Personal Interpretation*,38,1997)(关于是否完全废除民权法中有关禁止歧视非政府参与者的争论);(*id.* at 81—83)(认为结社自由包括不结社自由,任何授权结社的法律不能干涉个人自由权)。

然很难解释明白,但他阐述了自己的观点,认为 1964 年的《公共住房法》是有问题的,可能是违宪的,因为它规定餐馆业主不能因种族问题而拒绝人们进入私人店铺,这违反了财产权利。保罗还暗示,该法侵犯了言论自由权,因为它禁止餐厅张贴"仅限白人"的标识。

参议员保罗认为民权法干扰了财产权利和言论自由,这一点大错特错。作为一个自由意志论者,他应该意识到,如果有人被允许统治他人,那么自由权无法存在。我们已经废除了封建制度和奴隶制,那么私人业主是否可以因种族问题而拒绝他人进入市场呢? 如果可以的话,那么住房供给、就业、零售商店和娱乐场所也可以根据肤色而设置限制条件。如果歧视性的冲动普遍存在,那么获取财产的能力就可以单凭种族决定。反歧视法限制因为种族原因而阻止他人享受住房、就业或公共膳宿的权利,正是这一限制确保获取财产的能力不因种族原因受到限制。这意味着不仅政府不能实施种族歧视行为,市场上的私有财产领域在财产和机会分配上也不能有种族歧视行为。[1]

市场准入不会因种族受限。[2] 你进行自由贸易的能力,将不因祖先或肤色受限。自由和民主的社会不认可社会阶层或种族阶级,当有人试图创建这种等级制度时,社会不会无动于衷。业主无权选择性地驱逐部分顾客。

联邦公共住房法既不干预财产权益,也不干预自由权,因为自由民主社会不承认餐馆基于种族而不准顾客入内的财产权利。禁止业主张贴"仅限白人"的标识亦非侵犯言论自由。允许餐馆因为种族原因而拒绝为客户服务,会使餐饮场所乃至市场永远姑息隔离饮食和种族歧视。正如美国不认可封建关系一样,我们不允许自由市场私自设置歧视性壁垒。这种财产权利与自由民主社会的规范格格不入。因为我们在民主

---

① 当然,这一原则也有限制。例如,个人有权通过给个人或特定群体赠送礼物来行使人身自由权和结社自由权;其中一个较典型的例子是黑人学院联合基金。这意味着,必须由法律定义接受平等种族原则,这一原则也可能受竞争机制和规范的限制。

② 约瑟夫·威廉·辛格:《美国财产法中的反种族隔离原则》(Joseph William Singer, *The Anti-Apartheid Principle in American Property Law*, 1 Ala. C. R. -C. L. L. Rev. 91, 2011)。

政体中不能随心所欲地建立封建制度或种族等级社会,禁止此类操作的法律非但不会剥夺我们的自由,反而促进自由。那些法律可能会限制餐馆业主实施种族歧视的行为自由,却促进民主的自由。

尽管兰德·保罗和其他自由意志论者将 20 世纪 60 年代的民权法看作管制性干扰,认为它夺走了财产权利和自由权,但是这些法律与财产法的核心——反封建原则是一脉相承的。正如自由意志论者认为自由市场是自由的源泉一样,它既要求产权不单集中于一小群领主手中,也要求市场准入权利不因种族歧视而被剥夺。

## 七、业主和邻居

反封建原则继而引发了对财产权利的其他诉求,如要求自主掌控财产、免受邻居和房东干扰。在 9·11 事件发生后不久,最高法院法官克莱伦斯·托马斯(Clarence Thomas)的岳父唐纳德·兰普(Donald Lamp),在他公寓的阳台上挂了一面美国国旗。[①] 公寓业主协会要他取下旗帜,因为业主协会曾颁布一项社区美化规定,禁止在阳台上悬挂任何饰物,如旗帜、风铃或横幅。但兰普拒绝取下旗帜。该争议引起了全国性关注,公寓业主协会就此让步。为了应对此类争议,国会于 2005 年通过了一项名为《联邦自由展示美国国旗法》的法律。该法律禁止执行任何侵犯其业主悬挂美国国旗的权利公寓协议或规定。[②]

当该法律引发争议之际,我在财产法的课堂上询问学生们对此事的

---

[①] 美联社:《公寓居民与管理者冲突:悬挂国旗》(Associated Press, *Apartment Dweller, Managers Clash over Flag Display*, June 6, 2004, http://www.firstamendmentcenter.org/news.aspx? id=13469);也可参见托尼·莫罗:《一场令人蹙眉的自由言论之辩》;艾瑞克·奥尔森:《高等法院法官岳父违规了——悬挂国旗》(Tony Mauro, *An Unwelcome Mat for Free Speech*, USA Today, Aug. 18, 2004, at 13A; Eric Olson, *Father-in-Law of High Court Justice Defies Rule, Flies Flag*, St. Louis Post-Dispatch, May 29, 2004, at 6)。

[②] Freedom to Display the American Flag Act of 2005, 4 U.S.C. § 5 note, Pub. L. 109—243, 120 Stat. 572, enacted July 24, 2006.

看法,课堂上有两名特别聪明的自由意志论者,其中一位认为公寓业主协会没有错,理由是,既然兰普已经购买公寓,说明他同意遵守协会的规定,因此根本无权在阳台上悬挂国旗。如果他想保留这项权利,他就应该购买独栋住宅。既然已经购买公寓,他就应同意且遵守业主协会通过的规定,而不能选择哪些遵守、哪些忽略。兰普已经履行了契约自由并承诺遵守协会的规定。联邦法规取缔此项规定,因此妨碍契约自由,剥夺了邻居和业主协会的相关财产权利。

班上另一个直言不讳的自由意志论者,听到此话后脸色变得铁青,说道:"美国被外敌袭击后,一个美国人想在他自家阳台上悬挂美国国旗,你竟然希望警长迫使他取下旗帜,你还算是自由意志论者吗?"根据后者的观点,在美国,所有业主都是自己城堡的主人,邻居无权侵犯业主的基本权利。压迫可能不仅来自政府官员,也来自其他个人,只因契约和产权合约错误地赋予这些人权利。美国没有领主,这意味着邻居不能对你和你的财产颐指气使。在他看来,联邦法律恢复了而非夺走自由权,它保护业主的权利不被爱管闲事的陌生人所侵犯。

这里,我并不旨在判定哪一方正确,而想指出,我们不能仅凭《联邦自由展示美国国旗法》是否构成对自由市场的管制性干扰而来判断它是否合法,也不认为该案例体现了契约自由和财产权利之间的冲突。毕竟,争执双方都声称自己有财产权利;唐纳德·兰普声称,自己有权在自己的财产上悬挂美国国旗,而邻居则称有权执行附加在业主财产权利上的限制性协议。一方辩称,邻居具有集体遵守多数人通过的规定(例如限制悬挂国旗的权利)的自由;但另一方则主张,个人有权以自己认为合适的方式自由支配自己的财产,至少当协会规定侵犯了个人的基本权利,如言论自由时,可以不遵循。

争执双方都不想受制于"领主强权",而想做自己财产的主人。问题是该案例意味着什么:与其质疑我们是否干涉了自由市场或侵犯了财产权利,不如把问题重点放在如何合理界定自由民主社会中的财产权利。在住宅内悬挂美国国旗,是否属于每个人该享有的基本权利?如果是,则剥夺了此项权利的财产权利不能得到承认。这正是国会的观点所在,并通过立法保护美国人悬挂美国国旗的权利。保守派支持此项法律,并非想干涉财产权利,而是想保护财产权利;并非试图限制自由,而是为了促进自由。该项法律是否公平公正,取决于两相权衡:如何看待国旗悬挂者的相关权利,以及如何看待邻居为寻求住宅区的统一外观,而立下公共协议和限制的权利。这需要对自由权的概念和我们追求的多元价值观进行判断。它需要我们在不同法规之中作出选择,但不是对是否需要法规作出选择。

## 八、持有权和获取权:为何民主社会有众多业主

除了限制某些业主支配其他业主之外,反封建原则还规定,应确保有众多业主。一个自由民主的社会应广泛分散财产所有权,而不是把权利集中在少数人手中。次贷危机让我们关注以下这个问题:让所有美国人有机会拥有自己的住房到底有多重要?那些反对大政府的人将次贷危机爆发的主要原因归咎于旨在推动低收入家庭拥有房屋所有权的联邦政策。[①] 有人认为,推广居者有其屋是造成次贷危机的主要原因,但这个假设经不起推敲。[②]

二战后采用的联邦法规广泛推广房屋所有权,这些法律多年来一直运作良好。[③] 只是对银行业大幅放宽管制之后,次贷抵押市场

---

① 罗伯特·戈登:《自由派引发了次贷危机吗?》(Robert Gordon, *Did Liberals Cause the Sub-Prime Crisis?* The American Prospect, Apr. 7, 2008, http://prospect. org/cs/articles? article=did liberals_cause_the_subprime_crisis)。

② *Id.*

③ 当然,这期间房地产市场普遍存在的种族歧视,不仅是个人行为,联邦政府和许多州政府也推波助澜。20世纪60年代的民权法案,力图将财产权利延至先前被排斥的种族群体。

才出现。[1] 许多非营利性社区开发公司向低收入家庭推广自住房,这些项目很少出现违约。[2] 如果有人想为所有美国人推广住房供给,我们知道该如何做,而次贷市场推广所有权的方式注定会失败。管制性法律旨在防止此类情况再次发生,不仅为了避免次贷市场引发的负面外部效应,而且保护所有美国人在市场上被公平对待的公民权利。

此外,虽然有些人宁愿租赁也不购买产权,但有一点很重要,即在现行法律下,与业主权利相比,租户面临更多的不利因素。例如,在租期结束时,租户可被任何非歧视性的原因所驱逐,只有几个司法管辖区规定,无正当理由禁止驱逐租户。[3] 这意味着,房东对租户的管制多于银行对按揭业主的管制。在租赁期结束时,对于缴纳房租的租户们,房东可任意决定是否收回房屋;因此,租户们的安全感不如业主。[4] 次贷危机发生后,当告知数以百万计的美国家庭,他们必须放弃自己将拥有住房的美国梦时,更多的人将面临被迫搬迁的可能。在这种情况下,租户的财产权益将受到损害。

---

[1] 贝萨尼·麦克林和乔·诺切拉:《恶魔都在这里:金融危机的隐秘历史》;约瑟夫·E. 斯蒂格利茨:《自由市场的坠落:美国、自由市场和世界经济的沉沦》(Bethany McLean & Joe Nocera, *All the Devils Are Here：The Hidden History of the Financial Crisis*, 48—51, 2010; Joseph E. Stiglitz, *Freefall：America，Free markets，and the Sinking of the World Economy*, 10—11, 2010)。

[2] 例如,参见戴维·阿布拉莫维茨 & 詹尼克·雷克利夫:《居者有其屋没有错:经验和研究心得》(David Abromowitz & Janneke Ratcliffe, *Homeownership Done Right：What Experience and Research Teaches Us*, Center for American Progress, Apr. 1, 2010, http://www.americanprogress. org/ issues/2010/04/homeownership_right. html)。

[3] 《新泽西修订法规》和《哥伦比亚特区法典》(They are New Jersey, N. J. Stat. §§ 2A:18—61. 1 to 2A:18—61. 12, and the District of Columbia, D. C. Code § 45—2551)。

[4] 国会通过临时法令,当房主因止赎丧失所有权时,须提前给按期缴租的租户宽限三个月让其搬离,参见《涉及止赎的租户保护法》(Protecting Tenants at Foreclosure Act, 12 U. S. C. § 5201 note, § 5220 note, 42 U. S. C. § 1437f〔o〕〔7〕〔C〕 & 〔F〕, Pub. L. 111—122, 123. Stat. 1632, §§ 701—704)。马萨诸塞州通过一项法律,规定除非银行已将从止赎销售中获得的财产所有权转让给第三方,否则禁止驱逐此类租户。参见《马萨诸塞州一般法》止赎房产中的租户保护条例(Tenant Protections in Foreclosed Properties, Mass. Gen. Laws ch. 186A, §§ 1—6)。

房屋所有权的分配至关重要,因为所有权集中是封建制度的特征之一。请牢记新泽西州的历史:一个自由而民主的社会不能只有两个业主,这意味着法律必须将领主的财产重新分配给农民;伯克利勋爵和卡特雷特领主必须为土地自由保有者让道。保守派和自由派一样,应支持此种情况下的再分配,以促进自由权和财产权利。即使是自由意志论领袖罗伯特・诺齐克(Robert Nozick)也承认,当旱季来临时,陆上唯一拥有水源的人有义务与他人共享。①

尽管就到底需要多少平等才确保人人有充分机会参与社会和经济生活这一问题,保守派和自由派存在分歧,但他们在机会平等和财产广泛分布这一核心原则上达成一致。② 保守派反对"再分配"是基于这样的假设,即每个人都可以通过努力工作、遵纪守法而成为业主。但这种假设的前提是财产充足、分布广泛,而且随时可以找到报酬丰厚的工作。从原则上来说,保守派的价值观很显然同自由派的一样,都要求分散所有权,究其原因,这是民主社会废除贵族头衔的标志。

## 九、民主的自由

民主社会认为人人生而自由、平等。这样的社会不是从自然状态中产生,而是历经从限制国王和领主的权利到解放奴隶和家仆的斗争。历史告诉我们,只有通过规范合同条款和财产协议来废除封建制度和奴隶关系、拓宽财产和机遇获取途径,民主社会才能得以实现。保守派和自由派都想构建这样的世界:众多的业主地位平等,人人都能追求自己的梦想,自我掌控人生。要使这样的世界成为可能,就要确保财产所有权

---

① 罗伯特・诺齐克:《无政府、国家和乌托邦》(Robert Nozick, *Anarchy, State, and Utopia* 180,1974)("因此,个人不得独占沙漠中唯一的水源并任意收费")。

② 如果我们认真对待机会均等原则,那么应该进行多少法律改革?关于此类解释,参见布莱恩・巴利:《为何社会公正至关重要》(Brian Barry, *Why Social Justice Matters*,2005)。

广泛分布，人们不再依法被奴役，不再有人因种族、性别或其他特征被置于从属或不平等地位，并被剥夺市场准入权。无论是市场还是财产，非但没有脱离法规的管制，反而在法律的框架内才得以确保自由和平等。

# 第三章 为何消费者保护法促进自由市场的发展

　　　　与制定600—800部法律来创造一个市场经济相比，掀起一场
　　革命要容易得多。

　　　　　　　　　　　　　　　　　　　　——伊日·丁斯特比尔①

　　美国国会在2010年成立了一个新的联邦机构，旨在规范消费者信贷，避免重蹈次贷危机的覆辙 。但是，就在奥巴马继任后不久，国会中的共和党人极尽所能重建消费者金融保护局（CFPB）②，这样做无疑是对联邦机构的发难。他们从程序和制度上提出异议，认为该机构负责人权力过大，没有受到足够制衡，尤其缺乏来自国会的监督。③ 民主党人认为这都是狡辩，共和党人真正憎恶的是对消费者金融

---

① Jiri Dienstbier(1937—2011)，捷克政治家和记者，曾任捷克外交部长。——译者注
② 2011年成立的 Consumer Financial Protection Bureau，是奥巴马政府为因应全球金融危机而设立的联邦政府机构，意在监管美国大型金融机构，并且强制执行金融法律，保护消费者权益。——译者注
③《共和党参议员致奥巴马总统的一封信》(*Letter from Republican Senators to President Obama*, Feb. 1, 2013, http://big. assets. huffingtonpost. com/February2013Letterto President bama. pdf)。

市场的监管本身。①

无论真相如何，试图重建联邦机构的共和党人也声称自己支持"强而有效的消费者保护法"，这一点毋庸置疑。② 共和党人想限制政府权力，反对政府法规。消费者保护法旨在规范产品和服务的提供方式及其实质。鉴于共和党人自称反感政府法规，有人可能认为，共和党人一定特别希望金融市场能完全摆脱自次贷危机以来颁布的各种法规，但实际上共和党人坦言拥护"强有力"的消费者保护法，原因何在？

其中一个原因就是次贷危机给我们的惨痛教训。我们从中明白，人们会被诓骗而去承受过重的金融负担，以这种方式签订的协议会损害公共经济繁荣；我们从中明白，当我们将赌注压在经济生活的基础结构时，会给自己和邻居带来过度风险；我们从中也明白，如果通过法律来保障交易符合预期，市场会更好地反映我们的偏好。

消费者保护法不但没有干涉自由市场或破坏经济效益，反而作为基

---

① 《民主党参议员致奥巴马总统的一封信》(*Letter from Democratic Senators to President Obama*，Feb. 14，2013，http://www. banking. senate. gov/public/index. cfm? FuseAction = Files. View&FileStore_id=092ac137—38b3—48e5—9887—8fe7220c54fa)。更多支持论点，参见珍妮弗·宾杰里：《理查德·科德雷关于消费者金融保护局受参议院共和党人威胁的证明》；乔纳森·科恩：《新的废止权：共和党与奥巴马提名人》；安德鲁·罗森塔尔：《共和党与消费者》(Jennifer Bendery, *Richard Cordray CFPB Confirmation Imperiled by Senate Republicans*，Huffington Post，Feb. 1，2013，http://www. huffingtonpost. com/2013/02/01/richard-cordray-cfpb_n_2599838. html；Jonathan Cohn, *The New Nullification*：*GOP v. Obama Nominees*，New Republic，July 19，2011，http://www. newrepublic. com/blog/jonathan-cohn/92167/cordray-warren-cfpb-obama-republicans-nomination ♯；Andrew Rosenthal, *Republicans Versus Consumers*，N. Y. Times，Feb. 4，2013，http://takingnote. blogs. nytimes. com/2013/02/04/republicans-versus-consumers/? ref = cons umerfinancialprotectionbureau)。另见亚当·列维京：《书面证词：金融危机后消费者金融保护得到加强》(Adam J. Levitin, *Written Testimony*：*Enhanced Consumer Financial Protection After the Financial Crisis*，July 19，2011，http://www. banking. senate. gov/public/index. cfm? FuseAction=Files. View&FileStore_id=9c5cde82-c4b0— 4170—97c1—26aa872c1be3)。

② 《共和党参议员致奥巴马总统的一封信》(*Letter from Republican Senators to President Obama*，Feb. 1，2013，http://big. assets. huffingtonpost. com/February2013LettertoPresident Obama. pdf)。

石稳固市场运作。它促进契约交易，提升社会福利，并保护财产权利。消费者保护法不仅能使自由市场更好地运作，而且事实证明，若没有这样的法律，自由市场将完全无法运行。只要你拥护自由市场，即便你没意识到，你也在拥护消费者保护法。我们将再度看到，法规（合理的法规）促进而非破坏自由市场。

## 一、消费者保护法如何帮助我们得偿所愿

美国各州都有消费者保护法，即使是在自由意志论最盛行的州也不例外，这令人惊叹。从自由意志论的角度来看，类似消费者保护法这样的法律，因为制约了契约关系内容而被视作自由的敌人。我们通常将契约自由这一准则等同于选择契约条款的自由。如果你想得到某样东西，可以协商。这种做法意味着"货物出仓，概不退货——买主需自行当心"。对合同条款进行强制规范的法律引发争议，被认为限制了人们的选择权，人们不能再进行被法律所禁止的交易。因此，艾伦·施瓦茨（Alan Schwartz）认为，含有强制性条款的法规阻止人们"最大限度地为自己争取利益"。[1] 人们希望自由行动，而监管法规却限制了我们的自由。那么为何各州都制定消费者保护法呢？为何剥夺我们自由选择的法律还被通过呢？甚至包括思想保守的州？

原因在于人们需要消费者保护法。人们需要这些法律不是因为它

---

[1] 艾伦·施瓦茨：《正义与合同法：一个传统方法案例》（Alan Schwartz, *Justice and the Law of Contracts: A Case for the Traditional Approach*, 9 Harv. J. L. & Pub. Pol'y Rev. 110, 114—115, 1986）。另见尼可拉斯·格里高利·曼昆：《当科学家也是哲学家：经济学家通过政策建议也在做出自己的政治判断》（N. Gregory Mankiw, *When the Scientist Is Also a Philosopher: In Giving Policy Advice, Economists Are Also Making Their Own Political Judgments*, N. Y. Times, Mar. 23, 2014, at Sunday Business Section, p. 4）（"我们经济学家要确保遵循这样的原则：'第一，无伤害'…… 这一原则表明，当人们自愿签订一个符合双方共同利益的合约时，应该尊重这种合约。〔主要的例外是这个合约不能对第三方产生恶劣的影响——经济学家称之为'负面外部效应'。〕"）。

们限制我们自由，而是因为这些法律帮助我们获得所需，使我们免受不公平或欺诈行为的伤害。[1] 为了制止恶性商业行为，各州都制订了消费者保护法。[2] 同样，《联邦贸易委员会法》禁止"影响商业发展的不公或欺诈行为"。[3] 我们需要保护性的法律，倒不是因为自由不重要，或自由拟定合同条款的权利不重要，而是因为我们不用再为可能受到的伤害提心吊胆。有一种伤害就是我们草率地签订了合同，结果却发现条款内容完全出乎我们意料。我们也担心产品质量名不符实，不但不能发挥作用，反而制造麻烦。我们去市场购物或购买服务时，希望产品或服务称心如意，不用担心会上当受骗或涉入险境。我们不想为不必要的顾虑而忧心忡忡。我们想确认自己购买的产品和服务如同广告宣称的那样，既安全又好用。消费者保护法不但没有限制自由，反而更好地帮助我们行使自由；不但不妨碍我们获得所需，反而帮助我们实现所愿。

"货物出仓概不退货"迫使我们防范每一个合约缔结者，把他们当作潜在的完全不顾及消费者利益的敌人。因此，我们不敢信任他们，担心他们会费尽心思骗取利益。若没有法律保护，在合同谈判中，我们就得事无巨细地罗列出一长串的需求。试想一下，有一位在波士顿租住公寓的房客，她既希望房子有正常的供暖设施、热水、淋浴、完好的管道，还要确保窗户没有损坏、可以自由开关；又想确定房子里没有害虫，且不会遭到房东性骚扰；她还希望其他租户不会扰了她的清静，如果能结婚，另一半可以搬来与她同住。她还希望……

如果你不确信某项交易是否能满足你的各种需求，就得在交易时谨

---

[1] 参见克里斯托弗·L. 皮特森：《掠夺性结构金融》(Christopher L. Peterson, *Predatory Structured Finance*, 28 Cardozo L. Rev. 90, 2007)（消费者保护法必须更新，以解决与掠夺性贷款和融资有关的问题）。

[2] 约瑟夫·威廉·辛格：《次贷危机：为什么自由民主社会需要法律》(Joseph William Singer, *Subprime: Why a Free and Democratic Society Needs Law*, 47 Harv. C. . —C. L. L. Rev. 141, 155 n. 45, 2012)（收集法令）。

[3] 《美国宪法》第 15 章第 45 条(15 U. S. C. § 45)。

小慎微,如同上面那位房客要考虑各种细节。这意味着你交易前不得不准备一长串清单,这令人身心疲惫且焦虑万分。我们希望对签订的业务充满信心,消费者保护法让我们不再有后顾之忧,它能保障大多数人通过交易得偿所愿。

在开始建立常规意义上的合同关系时,我们希望获得应有的权利套餐,这些套餐也被称为"财产"。财产权利通常包含一组标准化、但可量身定制的权利。例如,我们买了一套房子,就代表我们享有入住、禁止他人闯入、邀请朋友做客、抵押、出售及传给下一代等一系列权利。对标准套餐的任何限制必须经过协商,其他消费交易也不例外。我们希望这样的协议能反映我们的合理预期,这也是消费者保护法的初衷。

我们希望不再担惊受怕,我们希望事情按照预期发展。霍布斯(Hobbes)认为,鉴于自然状态是危险的,我们容易遭人打劫、受到暴力攻击致死,于是政府应运而生。法律禁止谋杀、袭击和殴打,这让我们能够毫无畏惧地在街上闲逛。消费者保护法让我们不再过度担心来自外部的伤害而专注于享受生活。

规范房屋建筑的建筑法便是一例。该法律规定:建造房屋必须使用安全建筑材料,房屋建造者必须持有许可证。该法律确保建筑房屋设有残疾人通道;房屋必须经久耐用,能经受地震、火灾、洪水等威胁,且必须使用无铅油漆。这些法律由发放建筑许可证和勘测施工现场的屋检人员强制执行,以确保施工过程符合法律规范。与建筑法共同发挥作用的是分区法(zoning laws),分区法限制建筑物尺寸、设置建筑物退缩标准,并按财产使用用途对市政区域进行划分。建筑法和分区法限制我们随意建造违反法规的建筑。通过界定标准,这些法规增加了房屋建造成本,但同时也通过避免潜在危害而节约了开销。

自由意志论者可能关注的是建筑法和分区法限制契约自由这一事实。这类法律禁止我们雇佣无证承包商,禁止我们自行施工;禁止我们使用不达标的建筑材料或达不到最低标准的建筑结构;禁止我们在住宅区开店,即便这能最大程度发挥财产价值。这些法律限制我们的选择,从而也抑制我们偏离核心准则的自由。标准套餐权利是一码事,法律使这些权利不可放弃完全是另一码事;这类法律剥夺我们签署违背政府强制规定的契约自由。诚然,他们干涉了行为自由,可为何各州依然选择保护消费者法,且将这种保护在法律上变得不可放弃呢?

这里有三种基本的解释。第一种解释是,考虑外部因素——对非合同缔约方的影响。住房不安全会置他人于险境,或损害他人利益。如果电路安装不当,房子就会被烧毁;若房子起火,危害的不仅有在失火房子里的人,还有邻居。这些损失不仅殃及邻居,还损害了纳税人的利益,因为消防服务是由纳税人资助的。房子失火对邻居的危害可不容小觑,相信我,并未夸大其词。有一次,我弟弟的房子着火了,罪魁祸首就是线路故障——以前的房主自行安装了电路,却没料到它的后果。幸亏那天没起风,否则……言归正传,当时邻居拨打了 911,他这么做,不仅仅是为了我弟弟——弟弟当时不在家,也为了保全他自己的财产和生命。

第二种解释就是,诸如建筑法这样的法律,其中的强制性条款可以帮助人们实现所需。为什么这样说?限制契约选择的法律怎么会帮助人们实现愿景?为什么人们不能按自己的偏好,对建筑安全和质量标准进行协商?为什么要强制执行"一刀切"的统一标准?答案是,与含有默认条款的法规——允许合同缔约方可以自由协商条款内容——相比,含最低标准的法规能更好地帮助我们实现愿望。

回想一下,消费者保护法通过确保合同真实地反映消费者合理预期,来帮助我们实现愿望。"货物出仓概不退货"要求消费者记住交易所有细节并为此协商。消费者保护法帮助我们降低成本、减少不必要的麻烦,即使在细节上有所疏忽,我们也不至于被动。如果消费者保护法只设定默认条款,即任由缔约方讨价还价,那么卖家就有十足的动机在合同条款上做文章。卖家会拟定极其冗长的合同文本(类似于网上购物时点击的长篇累牍的技术协议)。这些合同可能让消费者放弃消费者保护法提供的保护条例，落入商家圈套——然后一切又回到了原点。在这种情况下，我们不得不细读文本，若不懂得专业语言，还要雇佣律师，争取我们想要的条款。

可是消费者经不起折腾，一没时间，二不愿意。他们也负担不起法律服务费——请律师诠释合同条款、就具体条款进行反复磋商而付的费用。设置强制性条款的法规，确保合同内容符合绝大多数人预期、确保我们实现所需，而可放弃条款却无法实现这一点。

第三种解释是，消费者保护法并未剥夺我们的自由，而是允许我们把某些事情看作理所应当的。我们不必再为某些事情讨价还价。比如买房，我们会理所当然地认为房屋无安全问题，基础设施完备。我们不想浪费时间来斟酌买房时该获得哪些东西。我们需要满足最低要求的标准套餐，保障最起码的东西应有尽有。我们希望再也不用花时间对基础设施进行协商，也不用对其他事情讨价还价。设置最低标准的法规并不妨碍我们通过讨价还价去获得额外的保护措施或额外设备，只是让我们不必为大多数人都公认的东西再进行磋商。

当然，这会剥夺我们部分自由，使我们不能签署那些不符合最低标准的合约。但是如果赋予某人签署这类合同的自由，将伤害我们其他人，剥夺其他人在想买房时不能获得所需的自由。废除对房屋建筑的管制确实能更好地促进"契约自由"，因为合同条款不再受限，但是这样同时也剥夺了我们绝大多数人的自由，无法确认签订的同类合同是否能满足所需。废除建筑法不会促进自由，反而让那些不考虑住房安全的人将自己的意志强加于人。当然，我们仍然可以就想要的条款讨价还价，但一切又回到起初的问题——我们可能记不起甚至不了解这些条款是什么。鉴于此，我们希望各州法律采纳由建筑专家制定的规章，确保住房安全又不会危害邻居。这也能解释为何我们希望监管法规含有最低标准的规则，以保障消费者交易。

消费者保护法是否允许放弃消费者保护措施？不管怎样，总有人将自己的偏好强加于他人。包含最低标准的法规确实限制那些要求降低保护标准的人的自由,但是"解除管制"解决了这些人的问题,却付出另外的代价:让我们其他人无法确定欲购的财产是否符合最低标准要求,这无异于牺牲部分人自由以换取另一部分人自由。

我们有权得到花钱想购买的东西,我们有权不被欺骗。在进行一项庞杂的交易时,我们希望不用绞尽脑汁来罗列我们想要的东西,并记住这一长串清单,我们也不希望承担无法承受的条件,并为此忧心忡忡。波士顿的房子如果没有配备供暖设施,就不能称之为房子。除了无须再纠结租房内是否有正常运转的火炉,我们也有权拒绝租住不提供暖气和热水的房子。我们希望不用担心会承受难以忍受的条件。人们支持消费者保护法并为此游说,不是因为对自由漠不关心,而恰恰是希望获得自由。他们希望商品和服务质量达到最低标准要求,符合大多数人预期。消费者保护法不是限制我们自由,反而通过帮助我们获得所需来促进自由。

## 二、美国对法律的需求

美国人说起话来都像自由意志论者,追求"小政府"模式,但立法行动时,却像自由主义者。现行的言论谴责干涉性法规,但美国人对法律的需求却是惊人的。因为我们生活在一个旨在保护个人权利、坚信人人自由而平等的社会,所以能解释为什么某些类型的财产和契约权利必须被禁止。自由和民主社会的社会和经济关系受制于含有最低标准法规,以确保人人享有尊严和自由。法律不仅禁止封建和奴隶制度,还制定了含有最低标准的法规,确保我们进入市场时不受伤害和欺骗,确保我们购买的产品和服务符合特定基本标准。

包含最低标准的法规之所以存在,并非我们不重视自由,恰恰是重视自由。这些法律代表的是集体政治决策,关于我们进入市场交易时,应该获得哪些符合预期的基本保护措施的决策。这些决策界定了我们行使自由的语境。我们不仅希望自由选择合同条款,还希望通过政治途径自由选择我们生活的环境。对语境的集体决策是一个自由而民主的社会运用法律来界定和促进自由权利的方式,这种自由权利为自由而平等的众人所共享。

设置最低标准的法规同时保障了保守派和自由派的价值观。法律看似限制我们自由,但同时以自由意志论者早已熟知的方式强化自由。例如,法律保护人们不受欺诈行为侵害。即使保守派谴责"政府对自由市场的监管",他们通常也支持保护人们免受欺诈的法律。原因何在?因为欺诈乃盗窃行为。以虚假的借口骗取钱财违背了契约自由和自愿原则,是对财产权利的不法剥夺。保守派支持业主的权利。消费者保护法保护我们免受欺诈行为侵害,这反映了自由意志论者的价值观。契约自由包括选择签订契约的自由和选择不签订契约的自由。只有我们相信交易符合我们的真实预期和愿望,才会承诺对他人履行应尽的义务。欺骗性商业操作导致我们担心契约不能真实反映我们的需求,从而削弱了我们签订契约的能力。

最低标准法规促进"契约自由",不仅防止我们上当受骗,还保护我们的财产权利。有些保守派抱怨,某些环境法禁止业主开发自己的产业,增加了商品和服务成本。但是,这些法规在限制我们随意处置财产的同时,也保护我们不会因邻居使用财产不当而遭受损失,保护我们的财产和社区免遭破坏或摧毁。即使保守派会通过游说来反对某些具体规则,一般也不会全盘否定。即便分区法和环境法中含有一些限制我们随意处置财产的规定,许多保守派仍然支持这类法律。

分区法通过确保财产具备某种特征来保护财产权利。当你想购买独栋住宅时,你想买的不仅是房子和土地,还有独栋住宅的社区环境。你希望住宅环境具备某种特征。这种希望会得到分区法和不动产地契协议的保障,地契中有规定,业主协会有权制定和执行社区财产使用规则。虽然这些法律限制了我们的财产使用，不过，令人放心的是，我们的邻居同样受限，不会胡作非为。对大多数人而言，这些法规没有破坏财产，而是强化了财产的价值和使用。

同样，保守派虽反对特定的环境法规，却不会去游说，要废除《空气洁净法》或《清洁水法》。与自由派观点一致，他们非常重视保护下一代免受污染。我们希望拥有随心所欲处置财产的自由，但没有权利在使用财产时污染邻居财产，或破坏水和空气这样的公共资源。保守派并不真的反对环境法，只是反对他们认为没有必要的环境法。如果我们观察保守派的实际行动而不是他们的口头表达，很容易发现，很多保守派人士比我们想象的更支持这些领域的法规。

2010 年 4 月 5 日，梅西能源公司名下的一座煤矿发生爆炸，导致 29 名矿工丧生。虽然引起爆炸的原因不明，但上大支坑煤矿（Upper Big Branch）之前一再被指称违规操作，联邦矿业官员和该公司之前也一直担心煤矿安全。[1] 政府长期以来一直致力于改善不安全的工作条件，更将之作为主要监管内容——更不用说小说和热门电影里的煤矿场景。这让我想起了查尔斯·狄更斯（Charles Dickens）和厄普顿·辛克莱（Upton Sinclair）。[2] 与保障工人的安全和福祉的道德驱动力相比，利益驱动显然更胜一筹。鉴于这个原因，联邦政府和各州政府都出台了大量法律，即便不能完全保证工人的安全，也旨在规范和提升工作场所环境。

我已经说过，我们处于一个标榜自由、对政府监管持怀疑态度的国家。然而，我不记得有人说，要是政府对煤矿的监管力度小一点，那些丧生的矿工就可能还活着。通常的反应是：恐惧、对受害者家庭表示同情、

---

[1] 大卫·A. 法伦胡德：《公司官员对爆炸前的违规行为表示担忧》（David A. Fahrenthold, *Company Officials Had Worried About Violations at Mine Before Explosion*, Wash. Post, Apr. 27，2010，http:// www. washingtonpost. com/wp-dyn/content/article/2010/04/26/AR2010042601770. html）。

[2] 查尔斯·狄更斯：《雾都孤儿》；厄普顿·辛克莱：《丛林》（Charles Dickens, *Oliver Twist*, 1838；Upton Sinclair, *The Jungle*,1906）。

希望找到事故原因、希望今后避免此类悲剧发生。事件也会引发人们的一些思考，如，采矿作业如此危险，矿工为我们提供赖以生存的能源，其英勇事迹可歌可泣；也会引发人们广泛地质疑现行法规力度是否足够大。

尽管许多美国人对总体概念上的政府持怀疑态度，表达"小政府"愿景，但在应对社会问题时却总是求助于政府法规。我们反对总体概念上的法规，但是极其支持特定的法规。我们对政府法规的过敏反应与我们对法律的持之以恒的需求奇妙地结合在一起，我们需要法律保护我们免遭非公正待遇，不在非安全工作条件下作业，不受侵害。

美国人对"自由"和"自由市场"的理解，并不等同于自由意志论者鼓吹的"自由"和"自由市场"。美国人不仅追求双方对条款内容的协商和抉择自由，也追求免遭欺骗和不正当待遇的自由。[①] 我们希望交易时有安全保障；我们希望购买的产品如宣传的那样名副其实，不会造成伤害；[②]我们希望工作场所安全无事故；[③]我们希望保险到期时，保险公司如数赔偿，不存在恶意拖欠行为。[④] 我们希望银行账户安全。[⑤] 我们希望建筑施工安全、电工持证作业、我们的住房不会因为承包商的无能而被烧毁。[⑥] 我们希望规范婚姻关系，确保离婚或丧偶后不至于一无所有；[⑦]我们希望土地使用受分区法和环境法约束，保障空气清新、水源洁净，环境宜于居住。[⑧] 我们希望市场准入不会受到种族、性别、宗教或残

---

① 例如，参见《爱达荷州法典》(Idaho Code §§ 48—601 to 619)（爱达荷州消费者保护法）。

② 例如，参见《爱达荷州法典》(Idaho Code § 48—603)（产品不安全时禁止标明产品安全）；《爱达荷州法典》( Idaho Code §§ 39—1601 to 1607)（食品安全规定）。

③ 例如，参见《爱达荷州法典》(Idaho Code §§ 44—1401 to 1407)（雇主应对不安全工作环境下造成工人受伤承担责任）。

④ 例如，参见《爱达荷州法典》(Idaho Code § 41—1402 )（保险公司管理规定）。

⑤《爱达荷州法典》(Idaho Code § 26—601)（银行储蓄规定）。

⑥ 例如，参见《爱达荷州法典》(Idaho Code §§ 39—4101 to 4029)（建筑设施规定）。

⑦ 例如，参见《爱达荷州法典》(Idaho Code §§ 32—701 to 715)（离婚后单独财产和夫妻共有财产规定）。

⑧ 例如，参见《爱达荷州法典》(Idaho Code § 39—3601 to 3639)（《爱达荷州水质法案》）；《爱达荷州法典》(Idaho Code §§ 67—6501 to 6538)（爱达荷州分区法令）。

疾等因素限制。①

各州都有上述法律，就连最崇尚自由意志价值观的州也不例外。②我们希望在市场上有选择的自由，但我们也希望能选择作出市场决策的语境。监管法规为市场关系制定最低标准，恰好能满足人们这一需求。尽管美国人可能听起来像自由意志论者，但实际上非常需要法律——非常需要。我们希望营造行使自由的有利环境，这也是我们需要法规的缘由。我们通过政治途径选举代表，代表们帮我们通过我们需要的法律。我们不仅在市场领域行使选择权，在政治领域也同样如此。

我们需要法律，不是因为我们需要法律来阻止我们做出愚蠢或不智之举，也不是因为我们不在乎自由。我们需要法律，是因为我们希望事情按理所应当的预期发展。当我们踏入零售店时，知道自己有权离开；店主不是我们的主人，即便站在他的店内，也无权支配我们；如果没有正当理由（如有充足理由相信我们偷了他店里的东西），店主就无权将我们强行留下。我们购物时，希望确认产品如广告描述的那样名副其实，安全好用。我们购买服务时，希望服务供应商清楚自己在做什么。当商家劝我们购物时，我们希望不会被骗、不会因种族原因而受到歧视。监管法规帮我们免除了这些后顾之忧，我们每次进行市场交易时，不必对上述事宜再讨价还价，而是把心思放在其他事情上。

消费者保护法虽为市场关系设置最低标准，但并未夺走我们的自由，也未干扰自由市场，反而确保我们在交易时获得所需。诚然，受法律约束的强制性合同条款确实会限制我们拟定另类条款的自由，但是消费

---

① 例如，参见《爱达荷州法典》(Idaho Code § 18—7301)(禁止就业和公共住宿方面的歧视)。

② 例如，参见《爱达荷州法典》(Idaho Code § 15—2—102)(禁止剥夺配偶继承权)；(Idaho Code § 18—7301)(禁止就业和公共住宿方面的歧视)；(Idaho Code § 26—601)(银行储蓄规定)；(Idaho Code §§ 30—1—1620 to 1621)(强制公司向投资者披露信息)(Idaho Code §§ 39—1601 to 1607)(食品安全规定)；(Idaho Code §§ 39—4101 to 4029)(建筑设施规定)；(Idaho Code § 41—1402)(保险公司管理规定)；(Idaho Code §§ 44—1401 to 1407)(雇主应对不安全工作环境下造成工人受伤承担责任)；(Idaho Code §§ 44—1501 to 1509)(雇主应付最低标准工资)。

者保护法确保市场交易与绝大部分人的预期相符。这类法律不仅让我们从为争取基本保护措施而讨价还价的负担中释然,而且代表着政治层面所采纳的用以规范公正市场关系的框架结构。有时,强制性规则依赖法院对宪法条款的诠释,有时是基于对普通法的诠释,还有些时候,由法令或行政规则界定。我们通过多种立法程序对管理经济关系的最低标准进行集体选择。这些法律允许我们把许多事情看成理所应当的,免于我们进入市场时就基本保护措施进行协商。如果关注我们的所作所为而不是外在言论,就很容易发现,美国人其实非常支持政府法规——不是因为我们不重视自由,恰恰缘于我们珍爱自由。

## 三、为什么法规不会伤害穷人

支持"法规"的论点不可避免地遭到抨击:法规难道没有增加商品和服务的成本吗? 难道没有损害所有消费者、特别是穷人利益吗? 这个论点值得深思,但是当有人这样说,或许别有用心,你可得看好自己的钱包。这一抨击本身提示,所有的法规都伤害了那些原本想要保护的人,如同搬起石头砸了自己的脚。问题是,该论点让人难以接受。若果真如此,我们应完全取消法规。但我已经说过,这不可能;首先,这与我们建立自由市场和私有财产的理念相悖。但是,如果说新法规(对已有法规的增补)增加商品和服务供应的成本,因此不可避免地损害意欲保护的对象,那么同样是错误的。[①] 下面我来解释为什么。

---

[①] 此处,我撇开一个常规论点,即如果消费者拒绝为商品支付更高的价格,售方则不能转嫁新法规的额外成本。限制商品需求实际上可能抑制转嫁额外成本的能力。例如,参见邓肯·肯尼迪:《居住保障对低收入住房的影响:"榨取"与阶级暴力》(Duncan Kennedy, *The Effect of the Warranty of Habitability on Low Income Housing : "Milking" and Class Violence*, 15 Fla. St. L. Rev. 485, 1987)(书中解释了为何法规可以帮助消费者)。这里我所强调的是,即使部分或全部成本转嫁到消费者身上,法规也是合理的。事实上,假定规范的产品有市场(即充足的需求可以让产品供应获利),那么法规会增加成本是不争的事实,但增加的成本只是超出在无法规要求下消费者的需求或卖家所能供应的那部分产品的供应成本。

诚然，废除建筑法规会降低住房成本。有些房产商会出售劣质房屋，而那些能容忍高风险的买家，为节省资金也会上当受骗。但是，没有监管就意味着我们不能确信住房是否安全。我们需要建筑法，因为它们能确保（或更能保障），当我们购房时，我们不会搬进一座充满火灾隐患的住宅，或面临楼梯随时坍塌的风险。买房时，我们希望不必再为这些基本需求讨价还价；我们认为建筑符合最低标准是理所应当的。虽然这些规定增加住房成本，但是对大多数的公民（支持法规的公民）来说，法规保障的利大于害。①

认为法规提高了成本因此是糟糕的，这是个低级的逻辑错误。若果真如此，我们什么也不用买了。法规当然会导致成本问题，问题是孰重孰轻，效益还是成本？反过来，认为废除最低标准规定就不会导致成本损失，也不符合逻辑。实际上，我们遭受的损失会更大。如果我们依凭是否赚取利润来判断法规的必要性，那么我们不仅要看成本，还要看带来的效益；我们必须将在特定法规情况下的效益和成本相抵后的净值，与在没有某项法规情况下的净值进行比较。

的确，制定建筑法规可能会导致最穷的美国人因房价高而买不起房。如果法律允许出售劣质房屋，他们可能就买得起了。但是帮助穷人的方式并不是将其他人都置于危房。帮助穷人，不如增加他们的收入，让他们负担得起符合最低限度的体面住房。援助的方式有很多：发放救济金、提供有优厚待遇的工作机会，或为他们提供负担得起的、安全的儿童保育。如果法律不能保障人们获得足够收入以维持生计，那是法律失职，而非个人之错。民主国家提倡人人平等，人人都拥有追求幸福的权利。这意味着财产分配和监管方式要保障人人都能参与市场交易。要

---

① 有些法规仅设置默认条款供各方重新协商，另一些代表立法机构（法院或议会）的决策，要求设置最低标准以确保每个人得到尊重和尊严。此类强制性法规确实剥夺了个人签订违反强制规定的契约的自由，但其代表了民主采纳通过的抉择，即某些权利太过重要而无协商余地。

求废除旨在保护所有人的法规,去降低产品标准以符合穷人的购买力,无疑是本末倒置。我们需要法规来设置最低标准以保护市场和财产关系,这与帮助穷人并行不悖,帮助穷人不是让我们其他人都面临入住危房的风险,而是帮助穷人提高收入,或用其他方式帮助穷人获得所需要的服务。

认为法规不可避免地损害穷人利益,这个观点更让人无法接受。若按这种逻辑推理,我们就得否认自己是法规受益者,否认法规在市场交易中给我们带来的保障效益。与此同时,这个论点也是对"穷人需要什么"的荒诞诠释。"解除法规"确实有可能让穷人住得起房,但那是劣质房屋,穷人根本不想要劣质房屋。他们同意入住,仅仅是因为他们没有市场权利来要求入住达到起码体面标准的房子。法律的职责是确保穷人的住房符合最低标准,与人的尊严相称。如果住房价格与收入相比太高,超出了穷人的购买力,那么我们要思考如何为穷人提供住房。至少,如果我们还相信"人人生而平等",包括穷人也享有生命权、自由权和追求幸福的权利,就理应如此。

## 四、为何次贷具有欺骗性

次贷危机令我们沉痛地意识到消费者保护法存在的必要性。次级抵押贷款不仅给诸多家庭带来灾难,也重创了世界经济,让许多人陷入困境。消费者保护法禁止不公或欺诈行为。让我们首先来讨论,为何次级贷款具有欺骗性,然后再着重探讨它为何不公平。

鼓励信息披露、防止欺诈行为的法规,受到保守派和自由派的一致拥护。欺诈行为诱使人们签订那些假如知情就不会签订的合同。欺骗是欺诈的一种,它与契约自由原则相悖。我们有签订合同的自由,也有不签订合同的自由。合约促进双方利益,双方通过交换条件有舍有得,在你情我愿的情况下各取所需。而通过欺诈签订的协议,并不能体现双方的最佳利益。诈骗(为达成协议谎称事实)和欺诈(作出误导性陈述或掩盖对方本应知晓的信息)损害了契约执行的精神:合同保障双方的意愿或利益。欺骗就好比你转移某人的注意力,然后把手伸进对方的口袋。因此,欺骗是一种偷窃行为,不但违背了契约的自由准则,而且侵犯了受害者的财产权利。

次贷抵押市场中的欺诈行为随处可见。关于贷款要偿还的利率,借款人经常被误导。就连见多识广的借款人也经常会对突然上涨的利率猝不及防。这种情况会发生,一方面缘于抵押文件过于复杂,另一方面归因于抵押贷款经纪人并未向借款人详细说明借款人可能面临的境遇。如果借款人早就明白实际利率是多少,有些人可能根本就不会选择贷款。

正如联邦储备委员会理事爱德华·格拉姆利克(Edward M. Gramlich)所说:"为何风险最高的产品卖给了最为涉世不深的借款人?这个问题本身已经给出了答案,最单纯的借款人才有可能被诱骗购买这类产品。"[1]有些经纪人确实向借款人解释了可调整利率的抵押贷款的复杂性,但紧接着又信誓旦旦地告诉借款人,如果利率上调,借款人还可以再融资,但是他们没有解释,如果房价停止上涨或下跌,就不再具备再融资的能力。他们诱导借款人忽略这些真实隐患。同样,银行将抵押贷款证券化,给那些次级贷款评为3A级信用,而实际情况是如果房价停止上涨,抵押人根本就无力偿还,这也是在误导投资者。

次级抵押贷款的营销依赖暗藏玄机的混杂信息。次贷借款人被告知,由于他们的信贷风险高,所以要支付高利率,但同时,他们又被告知,由于可以再融资,他们其实不需要支付难以承受的高利率。借款人并没有被告知或者无法理解再融资的前提是:财产价值在抵押贷款的整个偿

---

[1] 爱德华·格拉姆利克:《繁荣与萧条:次级抵押贷款案例》(Edward M. Gramlich, *Booms and Busts: The Case of Subprime Mortgages*, The Urban Institute, 2007, http://www.urban. org/ UploadedPDF/411542_Gramlich_final. pdf)。

还期内必须保持持续上涨——鉴于还贷期可能持续 20 或 30 年，这一假定风险实在太高。同样，购买抵押贷款证券的投资者也被告知，由于次贷风险较高，所以回报率也高，但随后银行经理将抵押贷款证券评为 3A级信用，暗示并无高风险，即高收益，低风险。这消息好得令人难以置信，而事实证明，这消息确实难以置信。消费者和投资者所依据的是银行经理的信誓旦旦，一方面告诉借款人该贷款好比量身定制，另一方面告诉投资者该贷款是避险的必买产品。银行知道它们的顾客信任它们，所以对五花八门的混杂信息加以利用。这些混杂信息具有欺骗性，其设计理念是先告知顾客不利因素，然后诱导顾客忽略不利因素，即先赢得顾客的信任再利用顾客的信任。

当然，关于次贷到底涉及多大程度的欺骗以及何种形式的市场操作可被接受，人们众说纷纭。有人会说，借款人和投资者自主选择和投资高风险产品，高风险也有高回报，而且说得难听一点，他们是自愿承担这些风险的。若果真如此，借款人和投资者也怨不得别人，只能怪自己运气不好。他们承担了风险，用我们的老话来说，这叫"货物出仓概不退货"。这种观点对于某些消费者和某些交易来说，有一定的积极作用，但也要区分可接受和不可接受的商业行为。法律不仅禁止赤裸裸的诈骗，也禁止隐晦的欺骗行为。旨在保护股票持有者的联邦证券法，不仅禁止误导性声明，也禁止刻意遗漏可能会影响投资者决策的必要信息以免给投资者造成假象。[①]也有人认为应废除各州消费者保护法、联邦贸易法和证券监管法，但真相是，消费者和富有经验的投资者都需要法律保护以免受骗。这些法律不但没有干涉契约自由，反而确保人们在购物或投

---

①《证券交易法》(Securities and Exchange Act, 15 U.S.C. § 78j)(与任何证券销售相关的使用"操纵性或欺骗性装置或手段"都是非法行为)；美国联邦法规(17 C.F.R. § 240.10b—5)(与任何证券销售相关的，涉及"欺诈"、"陈述任何虚假材料事实，或为了故意使已发布的陈述在发布陈述的具体情境下看起来没有误导性而省略陈述必要的材料事实"，这些行为皆为非法)。

资时得偿所愿。[①] 这么做的同时也防止企业以虚假或误导性借口获取利润，从而保护私有财产。

　　清晰而完备的信息披露本可以规避其中一些问题。新的消费者金融保护局（CFPB）正在出台旨在改善信息披露的法规。这些法规不仅能更好地指导银行该对哪些信息进行披露，也能更好地帮助消费者理解抵押贷款的条款。

## 五、次贷抵押为何不公

　　消费者保护法禁止不公平交易。次级抵押贷款既不公平又具有欺诈性。说不公，不仅针对借款人，也针对被负面影响波及的第三方。之所以说次级贷款对第三方也不公平，原因如下：一旦利率高调，借款人就无力负担；若这种情况发生，止赎会激增到数百万次；这反过来影响购买次级抵押证券的投资者以及受经济衰退影响的其他人。同时，受到伤害的还有社区，一方面由于止赎的缘故，另一方面由于银行没能维护止赎后的产业，很多社区受到严重破坏。

　　也可以说，对于我们第三方的大多数人而言，因为次贷给我们造成了困境，所以是不公平的，那么对于作为当事人的借款人而言，次贷又为何不公呢？毕竟借款人不是自愿贷款吗？他们不是需要贷款吗？如果取缔次级抵押，剥夺借款人成为业主的机会，岂不是更不公平？如果禁止次级抵押贷款，难道不是剥夺人们借钱买房进而成为业主的机会吗？这难道不是牺牲他们的利益以换取社区福利吗？这难道不是没有促进公平正义、反而侵犯他们的权利吗？

---

① 约瑟夫·威廉·辛格：《次贷危机：为什么自由民主的社会需要法律》(Joseph William Singer, *Subprime：Why a Free and Democratic Society Needs Law*, 47 Harv. C. R.—C. L. L. Rev. 141，157，2012)。

　　禁止或不提倡向不具备优质贷款资格的人发放高利率贷款的法规，确实会限制部分人进行交易的自由。但是，对信贷评级低的人而言，消费者保护法与分区法和建筑法一样，都是公平的。这些监管法规保护所有人，包括低收入人群，不去贸然签订那些会给他们带来金融灾难的市场协议。有多种途径可以帮助中低等收入家庭获得住房，但绝不是次级抵押贷款。

　　于他们而言，次贷抵押为何不公平呢？马萨诸塞州最高司法法院解释，向偿还能力有限的借款人提供抵押贷款是不公平的。[①] 下面这种情形就能很好地说明法院的观点：贷款结构故意设计成一旦房屋价值下降融资就无法实现。想想次级抵押贷款的运作原理，就会明白其中缘故。不同于租房子，次贷借款人申请高利率贷款买房。为了让借款人一开始承担得起，银行提供的初始优惠利率（teaser rate）很低。由于借款人收入低或信用评级低，银行在初始的优惠周期后，收取高于优质贷款的利率。而这个利率逐步增长，以致每月偿还的贷款额足以迫使借款人违约。在这种情况下，除非借款人能够获得再融资（新的贷款），且新贷款的利率可以承受，否则将失去房子。由于优惠利率后的月还贷额可能比租房的平均月租金还高，借款人就会比从没有买房而一直租房的人的境遇更糟。拥有又失去，不如从未拥有。

　　在利率上升时，借款人只有通过再融资来避免违约。但融资的前提是房产不断升值。如果房子市值下跌，房产价值可能比未清偿的款额还

---

① 英联邦诉弗里蒙特投资与贷款案；约瑟夫·威廉·辛格：《作为民主基础结构的财产法》（沃尔夫家族系列讲座之四：美国不动产法）；约瑟夫·威廉·辛格：《次贷危机：为什么自由民主的社会需要法律》（Commonwealth v. Fremont Investment & Loan, 897 . E. 2d 548, 558—559, Mass. 2008; Joseph William Singer, *Property Law as the Infrastructure of Democracy* 〔The Fourth in the Wolf Family Lecture Series on the American Law of Real Property〕, 11—1 Powell on Real Property, 2011); Joseph William Singer, *Subprime：Why a Free and Democratic Society Needs Law*, 47 Harv. C. R. —C. L. L. Rev. 141, 159, 2012）。

低。这样的房子被称为"溺水屋"（underwater house），没有哪一家银行会向拥有市值 10 万美元房子的人发放 20 万美元的贷款；再说，也没有足够的抵押物能确保还款。再融资是不可能了，只要银行愿意，止赎不可避免，除非银行因为经济原因选择延期止赎。

当抵押协议设置了高额的提前还款罚金时，可能会出现同样的结果。如果借款人只有支付提前还款罚金才能再融资，而借款人可能根本无钱支付，那么借款人也无法再融资；如果房子市值下降，借款人就没有抵押物获得第二笔贷款，借款人也借不到钱还款。同理，如果借款人按购房价的百分之百来贷款，这意味着借款人没有资产净值，那么，房产价值稍有下滑就会导致未偿贷款的款项可能高于房产市值。同样，如果财产抵押的贷款额比再融资的贷款价值还要低，银行将不会同意再融资。

有些借款人明知风险还愿意铤而走险，其他人则被蒙在鼓里。或许，对于那些完全理解风险而愿意铤而走险的借款人来说，不允许向他们发放次级贷款是不公平的，但是对于绝大多数次贷借款人来说，情况并非如此。大多数人办理抵押贷款并不是想通过炒房而从中获利，他们需要的是一个家。他们也想追逐美国梦，而创造和营销次级贷款的银行并没有真的帮他们实现梦想，而是营造一种帮人们买房的假象。现实情况是，当房产价值停滞不前或出现下跌，数百万人将被剥夺房产；而且，因为众多房子处于"溺水"状态，房主也被剥夺了资产净值。与租房相比，他们已经得不偿失。因此，他们失去的不仅是房子，还有银行存款，而若没有次级贷款，他们本可以继续拥有存款或另作他用。

说次级抵押贷款不公，正如参议员伊丽莎白·沃伦（Elizabeth Warren）所言，是因为它在道德层面上等同于爆炸的烤面包机。我们进入市场购车时，我们信赖汽车公司的专业技能——以及消费者保护法——能生产出安全的汽车。我们雇佣医生时，我们相信医生的从业执照足以说明他学识渊博、训练有素。我们大多数人并没有相关专业知识来判断商品或服务供应商的专业水准。我们指望商品供应商公平对待我们,出售给我们安全的产品;我们指望服务供应商公平对待我们,提供合格的服务。我们信任他们,或者说我们希望他们值得信赖。

办理抵押贷款的借款人信任银行,银行却怂恿他们办理次级贷款。借款人以为,如果他们不能还款,银行是不会借钱给他们的。当贷款经纪人告诉借款人可以再融资、无须支付难以承担的高额利率,借款人都信以为真。银行有义务尊重顾客的合理预期。银行知道借款人很有可能会后悔,但依然发放抵押贷款,从道义上来说,这种行为等同于出售危险产品。消费者保护法的目的,正是旨在保护我们不受这种行径的欺骗。如果你不愿意将一辆有毛病的车卖给自己的母亲,就不能将它卖给别人的母亲。

消费者相信企业会秉公操作,这并没有错。消费者有权相信像银行这样的企业应该了解自己的所作所为,相信银行出售的产品会如它宣称的那样有益无害。消费者信任银行职员并没有错。银行却利用五花八门、暗藏玄机的混杂信息占便宜,或设计出售会令消费者倾家荡产的产品,简直不能说是在从事自由贸易,而是在通过操纵消费者来剥夺他们的财富。我们制定消费者保护法不是因为人们愚或者蠢,而是因为趋利的诱惑使有些企业出售本不该出售的产品。在这种情况下,是卖家而不是买家,应该在道义上为不公的后果负责。毕竟,小偷扒了人们的钱包,我们不会责怪被偷的人,说:"你竟然把钱带在身上,真可耻!"我们只会谴责小偷。

显然,我们需要法律来阻止银行将抵押贷款出售给那些无力偿还的人,既保护这些家庭不受伤害,也保护我们其他人不受次贷引发的外部效应的影响。为实现这一目标,消费者金融保护局(CFPB)再度通过了相关法规。现今,最终的法规已出台,规定银行不得向缺乏相应支付能力的借款人发放高额抵押贷款,对符合特定承受能力标准的"合格抵押贷款"要提供推定保护(presumptive protection)。① 有些条款规定每月还款额度不得超过借款人每月收入的41％,确保借款人有还款的支付能力。这一目标旨在防止银行让借款人每月承担过于沉重的还贷任务,导致可能性的违约进而丧失抵押赎回权。向无力偿还的借款人发放贷款的行为既不公平也不明智。假定财产价值无限上涨并以此作为发放贷款的前提是毫无道理的,这一点已经被证明。

自由意志论者和经济学家都抨击那些规范抵押贷款条款的法律,认为这些法律增加借款成本,可能导致中低等收入家庭无力购房。我已经解释过,一旦这个观点走向极端,就会建议废除包括建筑法、分区法和环境法在内的所有监管法规。同时会提议回归到之前的严格止赎——这一程序已被视为非法,它允许银行止赎并侵占财产的所有价值,不是给借款人放宽时间来还贷,而是剥夺借款人累积在房产中的所有资产净值。

举例来说,假定你贷款20万美元来购买了价值25万美元的住所。你连续10年按期还款,这时你已经还清了20万美元中的10万美元。然后,你突然丢了工作,拖欠还款。假定你的房产市值已经增长到40万美元,但是按照严格止赎体系,你的违约行为会导致银行将你扫地出门,将房子据为己有。这意味着银行侵占了一所价值40万美元的房子来确保未清偿的贷款余款。而实际上未清偿贷款只有10万美元。如果银行扣留房子,它不仅拿回了10万美元,还赚了30万美元。各州抵押法对止

---

① 美国联邦法规(12 C. F. R. § 1026)(修正条款Z规定实施《诚信贷款法案》,15 U. S. C. §§ 1639c,它自身实施的抵押改革和反掠夺性借贷法衍生出《多德—弗兰克华尔街改革和消费者保护法》第十四篇,Pub. L. 111203,H. R. 4173,July 21, 2010, at §§ 14111412)。参见《诚信贷款法案》(第Z条)下的《偿还能力》和《合格抵押标准》( Ability to Repay and Qualified Mortgage Standards Under the Truth in Lending Act〔Regulation Z〕, http:// www. consum-erfinance. gov/regulations/ability-to-repay-and-qualified-mortgage-standards-under-the-truth-in-lending-act-regulation-z/; https:// www. federalregister. gov/articles/ 2013/01/30/2013-00736/ability-to-repay-and-qualified-mortgage-standards-under-the-truth-in-lending-act-regulation-z)。

赎进行了规范,禁止此类操作;这些法律引入止赎销售,要求抵押房产按市值出售,所得售款一部分拿给银行作为未清偿余款,其余部分作为资产净值——即止赎销售所得减去拖欠贷款后的溢出部分,归借款人/房主所有。依据止赎法,如果操作得当,该房产将因房主违约而被出售。按房地产现有的公平市值来卖,该房产出售会获得 40 万美元。银行拿回未偿还贷款部分(10 万美元加上利率和相关花费),而房主得到剩下的(30 万美元减去利率和相关花费)。

各州都有抵押贷款法律来规范止赎、保护放贷银行和借款房主的双方利益。我们已经废除严格止赎来确保银行拿回应得部分,而借款人保留累积的资产净值。这些保护性法律可能会提高抵押贷款价格,但是各州都没有将之偏废,因为它们保障了借款人和贷款方双方的合法预期。

我已经论述过,法规确实会增加商品和服务的供应成本,但是我们不能通过废除法规来帮助穷人,因为法规保障我们所有人花钱买到称心如意的产品。我们可以废除所有建筑法规,允许人们住在陋室危房里,那样住房成本是降下来了,但是这将剥夺我们所有人的住房安全。不,我们不会那样做。我们确保市场交易符合消费者正当预期,但我们保护穷人的方式不是取缔旨在保护所有人的法规。如果有人太穷而住不起基本体面的住宅,那么我们必须以别的方式来安顿他们。我们不能为帮助穷人而将世界变成让人人担忧的危险之地。

绝大部分州已经因为同样的原因取缔了严格止赎。此类法规保障交易双方有权实现合理预期。次级抵押贷款的新法规同样规定,人们不用承担那些假如完全理解条款内容就不会承担的义务。在这种情形下,我们不但没有剥夺人们的选择权,反而保护人们不去作出日后会令他们后悔的选择。此类法规不但没有剥夺我们自由,反而赋予我们在需要合宜贷款时去信任银行的自由。

## 六、"家长主义"还是自由

对"监管法规"的一个主要担忧源于这些法律的"家长式"作风。监管法规限制我们随心所欲、按自己意愿选择合同条款的行为自由,并禁止我们签订特定类型的协议。这就是说,立法者认为他们比我们自己更清楚什么对我们最有利。这种做法如同家长作风,并没有把我们当成可以自己决策的成年人。这有悖于美国人对什么是自由的最基本假定。你凭什么来告诉我如何生活? 只要我没有伤害别人,为什么我不能自主选择需要什么,并且想签什么协议就签什么协议呢?

对家长式法律的辩护有两种典型方式。其一,如果要保护别人免受我们签订的协议的外部效应伤害,那么此类法律就必不可少。我们已经看到,次级贷款已经给经济带来了灾难性影响,使经济陷入衰退,大量失业,许多人的财富缩水,生活有如陷入泥沼。阻止你去做伤害别人的事,这并不是家长做派。此类法律即使没有保护你,也保护了我们其他人不受你的恶行影响。

其二,此类法律根本就没有体现家长主义(Paternalism)。此类法律保护你不会贸然签订债务协议,如果你非常了解相关信息,你自己也不会签。这不是剥夺你获取你想要的东西,而是帮助你实现愿望。你现在可能认为抵押贷款的债务是可以承受的,但是经验丰富的人就很清楚,当利率提高,偿还的债务越来越高,你就会后悔自己的贸然行事。我们没有凌驾于你的决策之上,只是在帮你推迟决策,推迟到你精于世故、明白自己在做什么的时候。当然,对此我们也不十分确信,但是过去众多的经验让我们相信,我们这样做不仅为你的利益考量,而且相信如果你全面了解相关信息,你自己也希望我们这样做。

有一批学者——家庭手工业者(在家动手写作的学者),专门撰写学术文章来解释人们存在偏见和非理性的各种表现。丹尼尔·卡尼曼

(Daniel Kahneman)的畅销书《思考：快与慢》，展示了我们五花八门但又真实存在的、扭曲的理解世界的方法。① 卡斯·桑斯坦（Cass Sunstein）的《助推》，同样解释了法律的效用：只要我们自己不存偏见、不是错误式启发的受害者，法律将推动我们朝着自己会支持的方向前进。②

自由意志论者一直认为，市场既有效率又能自我修正，政府法规只会阻止市场进行有效的资源配置。但心理学家卡尼曼和诸如桑斯坦这样的"行为主义经济学家"已经站到前沿阵地，指出人们在判断什么符合自己的最佳利益时，总是在可预见范围内犯数不清的错误。人们着眼于短期利益，而看不到长远后果；他们只盯着吸引眼球的事件，而对此类事件出现的概率却判断错误；他们假定，倒霉的事不大可能发生在自己身上，这样来麻痹自己，劝自己无须过于担忧，等等。③ 因此，法规的存在就是要保护借款人不会签订那些不合理的合同，如，利率高达1000％的合同，或可随意调整利率的合同——即使你能在两天后还清贷款，但是由于利率可调整的幅度如此之大，导致最终你丢了房子。

抵押法存在的理由之一就是防范我们可能会犯、且很可能会后悔的错误。我们有许多证据显示，许多人犯错，许多人后悔，后悔不该签订让自己不堪重负的条款。有些法律的通过很可能就是因为人们考虑到了这一点。例如，社会保障和医疗保险可被理解为强制保险计划。我们都知道要为退休后的岁月和临终医疗而储蓄，不然老了一定后悔；我们都知道如果不采纳一个固定框架进行自动储蓄，而让我们每个月都作储蓄决定，那么我们一定存不了多少钱，所以我们通过立法强制储蓄，这既帮

---

① 丹尼尔·卡尼曼：《思考：快与慢》（Daniel Kahneman, *Thinking, Fast and Slow*, 2011）。

② 卡斯·桑斯坦：《助推：提升健康、财富和幸福的决定》（Cass. R. Sunstein, *Nudge: Improving Decisions About Health, Wealth, and Happiness*, 2009）。

③ 约翰·卡西迪：《经济崩溃后：自由放任的经济学家的反省和指责》；卡斯·桑斯坦：《助推：提升健康、财富和幸福的决定》（John Cassidy, *After the Blowup: Laissez-Faire Economists Do Some Soul-Searching—and Finger-Pointing*, The New Yorker, Jan. 11, 2010, at 28; Cass Sunstein, *Nudge*, Penguin, 2009）。

我们实现目标,又满足我们储蓄的偏好。

同样,当我们签订那些本以为可以履约、但一旦违约就要受到严厉处罚的协议时,抵押法会保护我们。我们需要这样的保护,因为我们知道我们低估了拖欠违约的可能性。这些法规没有妨碍我们的喜好,而是通过帮助我们实现长期目标来满足我们的喜好。

法规存在的另一个更基本的原因是,我们需要监管法规来保护我们的自由。有一件事我们必须牢记,我们拥有监管法规是因为我们选举的官员通过了这些法规。只关注监管法规限制契约自由这一事实,既奇怪又缺乏远见,好像我们行使自由的领域只限于市场。我们生活在一个民主社会,我们选举领袖。如果我们要取缔领袖们通过的法律(以法律剥夺我们自由为借口),那么我们有这么做的自由。但我们没有这样做,因为我们选举的领袖颁布了那些法律。我们行使自由的方式之一在政治领域。我们选择那些为市场关系设置最低标准的法律。我们希望通过我们的抉择来影响环境;我们希望运用民主手段来塑造我们可以行使自由的环境。

消费者保护法没有以家长式做派夺走我们的自由,它们保障我们获得所需。禁止我们选择为市场关系设置最低标准的法律,是违背自由精神的。我们需要这些保护性法律,如果学者们坚持主张我们应解除法规,那才叫家长作风。我们有权行使作为公民的自由,颁布法律,保护我们作为消费者的自由。

虽然当我们犯了让自己可能后悔的错误,消费者保护法会保护我们,但是我们选择在法规下生活并不是因为我们愚蠢或没有理性,需要法律阻止我们鲁莽行事,而是因为我们希望法律保护我们不上当受骗或受到不公正待遇。我们要求法律与我们同在,因为在自由、民主的社会,经济和社会关系必须达到特定的最低标准。这些最低标准确保我们彼此礼貌而正直待人;确保依据缔约方的合法预期来诠释交易;确保我们不会互相欺骗和利用;确保他人不得以不当借口夺走我们的财产;保护我们不会被居心叵测的不法分子夺走财产，或被不择手段的企业利诱而蒙受损失。

怀特（T. H. White）在《永恒之王》中解释了亚瑟王对圆桌骑士使命的看法，"我所指的文明，在这个词的发明之初，仅仅指的是人们不应该恃强凌弱"。[1] 抵押法规的存在，不是因为我们愚蠢，只能和奥德修斯（Odysseus）一样被拴在桅杆上，而是因为我们知道利益驱动和经济竞争可能诱惑企业不择手段来赚钱，诱骗顾客签订损害顾客利益的不公平条款；而是因为我们需要法律来确保我们获得所需，不会遭受本可预防的伤害。

如果我们不能信任那些和我们进行交易的人，自由市场就会受到损害。这就是为什么我们要对不公和欺诈性商业行为进行监管。我们希望不用担心被骗。如果企业屈服于竞争压力而向借款人出售可能无力偿还的抵押贷款，进而对邻居和总体经济造成损害，那么自由市场和私有财产都会蒙受损害。

法律禁止我们彼此间提出与民主社会不相符合的要求，我们的社会给予人人以平等的关心和尊重。认为自由就是要满足所有偏好、无拘无束，这是错误的。在自由民主的社会，有些要求不能被提出来，法律的存在旨在设置这些最低标准。对抵押市场的规范不是对个人自由的干扰，也不是对社会福利的不当阻挠，在以尊重所有人的尊严为前提的民主社会里，抵押法为公平交易设置了最低标准。

---

[1] 怀特：《永恒之王》（T. H. White，*The Once and Future King* 381，1939）（Ace ed. 1996）。

# 第四章　为何私有财产需要法律基础结构

法律出现之前财产不存在：取缔法律，所有财产终止。

——杰里米·边沁

　　保守派反对那些干扰现有财产权益的监管法规。[①] 这些法规看起来不仅管制我们正当拥有的财产，而且阻止我们行使控制财产的自由，从而侵害了我们的自由权。这表明为什么私有财产的支持者一定反对政府监管。可是脱离事实依据，一切都是空谈。没有一个法律框架，财产权就不存在。没有法规，就没有财产。如果没有明确的规则来界定谁拥有什么财产，财产将无以存在。这就意味着我们需要制定规则来配置和界定财产权，这需要比我们想象中更多的法律。除非我们确保财产权益使用得当，不会妨害他人的个人财产权利，否则财产权将得不到保障；这意味着为保护财产权益，我们必须对财产权益进行限制。极力拥护私有财产的美国人或许意识不到这一点，但是他们同时也是法规的坚决拥护者。

---

① 停止沙滩再养护公司诉佛罗里达州环境保护部案（Stop the Beach Renourishment，Inc. v. Fla. Dep't of Envtl. Protection，560 U. S. 702〔U. S. 2009〕）。

## 一、民主社会中何种财产权利应被认可

我们都知道在一个自由民主的社会中,很多种类的财产权利被禁止。我们取缔封建协议和奴役制度;取缔允许丈夫支配妻子财产的协议;禁止契约奴役,(基本上)废除债务人监狱;取缔只有特定种族群体才能占有和支配财产的限制;取缔了代代相传、由未来子孙控制的"限定继承"财产;取缔遏制经济竞争的垄断行为;不承认观念上的知识产权;一般情况下不执行"产权让渡限制"(restraints on alienation),这种限制使我们即使有出售土地的意愿,也难以实施;禁止企业出售不安全或伪劣产品。诸如此类,不胜枚举。

对财产权种类进行限制的法规有很多服务功能。这些法规确保社会合约与一个自由民主、人人得到平等的关心和尊重的社会准则相吻合;确保财产不会伤害我们自己或邻居,达到我们合理预期的最低标准;确保大多数财产权利可转让。"限嗣继承不动产"(fee tail)之所以被取缔,就是因为这类财产所有权限制了财产的让渡;土地出售人一旦过世,不管谁买了土地,土地都得归还给出售人的继承人所有。因此没有人愿意购买此类财产。限嗣继承不动产不仅捆绑了土地,还限制了当前以及未来子嗣自愿选择居所的自由。限制此类财产权益使得人们得以在一个自由民主社会中享受各种自由。

## 二、我们应该有多少业主

夏威夷群岛的拉奈岛占地面积达到 365 平方公里,居住人口却只有 3135 人。[①] 岛上 98% 的土地只属于一个人,他就是甲骨文公司的联合创

---

① 亚当·纳戈尼:《小小夏威夷岛将见证新业主是否会与风车搏斗》(Adam Nagourney, *Tiny Hawaiian Island Will See If New Owner Tilts at Windmills*, N. Y. Times, Aug. 23, 2012, at A1)。

始人拉里·埃里森(Larry Ellison)。起初,拉奈岛的土地所有权属于夏威夷本土人。到 19 世纪 70 年代,岛上大部分土地被转让给富人沃尔特·吉布森(Walter Gibson)。[①] 1922 年,詹姆斯·多尔(James Dole),也就是后来的多尔食品公司的主席,买下了这座岛,并将它改造成巨大的菠萝种植园。[②] 20 世纪 80 年代,多尔将菠萝生产转移到海外,并将农业用地转化为旅游用地。1985 年,拉奈岛的所有权转让给大卫·默多克(David Murdock)所掌管的多尔公司总部。[③] 2012 年,默多克把岛卖给了埃里森(Elisson),但保留了四十五层风力涡轮机的开发权,工程覆盖四分之一的岛屿。由于当地旅游经济的发展不仅受到岛屿交通不便的限制,同时也受到近期次贷危机引起的经济衰退的波及,这次开发有可能会为当地经济带来更多活力,也有可能会破坏当地的原生态美景,或者兼而有之。这项计划使当地居民产生了严重分歧,他们急于知道新开发将带给拉奈岛怎样的影响。

为什么会讲这个事例? 首先,最令美国人感到震惊的且极不协调的事实就是:所有的土地仅属于一个人。美国的民主理念使我们刻意回避这一事实。这让人想到"征服者威廉"统治下的封建体系,如果领主不按威廉的意愿行事,威廉则保留从领主那收回土地的权利。[④] 当伊利诺伊州最高法院处理普尔曼公司案时,考虑到普尔曼宫汽车公司(Pull-man's

---

① 凯瑟莉·潘得:《埃里森在夏威夷岛买下了什么?》(Kathleen Pender, *So What Did Ellison Buy in His Hawaiian Island?*, S. F. Chron. , June 27, 2012, at D1)。

② 理查德·霍金斯:《詹姆斯·多尔和 1932 年夏威夷菠萝公司的破产》;凯瑟莉·潘得:《埃里森在夏威夷岛买下了什么?》(Richard A. Hawkins, *James D. Dole and the* 1932 *Failure of the Hawaiian Pineapple Company*, 41 Haw. J. Hist. 149, 149—150, 2007; Kathleen Pender, *So What Did Ellison Buy in His Hawaiian Island?*, S. F. )。

③ 盖瑞·沃纳:《甲骨文公司的亿万 CEO 出售夏威夷拉奈岛》(Gary A. Warner, *Oracle's Billionaire CEO Purchases Hawaiian Island of Lanai*, Vancouver Sun, July 17, 2012, at B8)。

④ 参见约瑟夫·威廉·辛格:《次贷危机:为什么一个自由、民主的社会需要法制》(Joseph William Singer, *Subprime*: *Why a Free and Democratic Society Needs Law*, 47 Harv. C. R. —C. L. L. Rev. 141,2012)。

Palace-Car Company)是整个小镇的唯一业主,法院通过解释州法迫使普尔曼公司出售大部分土地。法院解释说,所有权归属于唯一一家公司"违背了美国制度的理念和精神"。① 回顾殖民时期,国王查尔斯二世把新泽西州分封给两个封建领主。他们试图建立一个封建集权制度,却遭到了当地居民的坚决抵制,他们坚决要求自由,摆脱封建领主的统治。② 他们的反抗使得现代美国体系中的财产所有权广泛分布,而不是仅仅集中在少数贵族手中。这些定居者的反抗也有利于美国建立"自由保有"财产的传统,这一传统授予业主广泛的权利,去支配自己的土地和管理自己的生活,而不是胆战心惊看领主的脸色生活。③

那么,拉奈岛只有一个业主是否有什么不妥呢? 因为作为岛主,除了某些例外情况,他可以选择是否让别人进入岛屿,也可以设置入岛的限制条件,就是说别人必须遵守他的条款才能入岛。这意味着岛上所有居民都要服从于他的意志。居民能否住在岛上取决于岛主的看法。除非岛主决定出售岛屿,否则没人可以成为新的业主。租户和非业主需要拥有哪些权利才有机会成为业主,或获得足够的自由来决定自己如何生活? 如果每个人都有权得到法律的平等保护,如果这意味着我们需要促进机会平等,那么我们应该制定怎样的财产法框架来实现这套价值体系? 有多少业主才足够? 怎样恰当平衡绝对所有权、租赁权及公寓住宅权之间的关系? 如果从埃里森那里夺回拉奈岛,并将产权重新分配给数千岛民,这是促进还是侵犯财产权?

关于业主数量有多少为宜、财产形式如何合理搭配才能体现美国赋

---

① 皮普尔依据告发莫洛尼诉普尔曼宫汽车有限公司案,《东北汇编》(People ex rel. Moloney v. Pullman's Palace-Car Co., 51 N. E. 664, 674, Ill. 1898)。

② 约瑟夫·威廉·辛格:《作为民主基础结构的财产法》〔沃尔夫家族演讲系列之四:美国不动产法〕(Joseph William Singer, *Property Law as the Infrastructure of Democracy* 〔The Fourth in the Wolf Family Lecture Series on the American Law of Real Property〕, 11—1 Powell on Real Property, 2011)。

③ *Id.*

予人人平等的生命权、自由权和追求幸福的权利这一承诺,美国人自己也意见相左。对于构建什么样的财产权体系框架可以体现美国人价值观的选择,也没有定论。美国虽然废除了封建制度,却依然存在整个岛屿归属于单个业主的现象;美国人虽然极为珍视财产所有权分散的理想状况,这一事实却并不意味着如今社会已经杜绝不公平现象。相反,美国占领运动(Occupy movement)将过去三十年日益加剧的财富和收入不公问题提上国家议程。① 这里,价值观选择至关重要,是核心问题。有些人认为应该终止"阶级斗争",认为妒忌成功者是错误的;另一些人认为不平等现象不仅会损害经济,也与美国机会均等的理想相悖。②

当奴隶制被废除之际,需要决定谁该拥有奴隶们曾工作的种植园。本来政府可以颁布一项决议,以个人或团体或集体拥有土地的形式将种植园的所有权转让给被解放的人们;而那些反叛美国政府的奴隶主本应该丧失土地所有权。但这一切并没有发生。反叛的奴隶主表示忠诚于合众国,于是可以保住土地,而随着时间的推移,对于曾经的奴隶,政府给予的帮助越来越少。③ 他们既没有收到拖欠的工资,也没有得到自己的土地。这不是本应该做的吗?

我们对财产分配感兴趣,因为我们不仅关心是否能以最低代价获取我们中意的事物,还关心别人是否也能得偿所愿。不止这些,我们还关心是生活在民主社会还是封建社会,是享有人身自由还是被奴役,是法

---

① 唐纳德·巴特利特、迈梅·斯蒂尔:《美国梦的背叛》;彼得·埃德曼:《太富、太穷:在美国脱贫为什么太难》;约瑟夫·斯蒂格利茨:《不平等的代价:当下分裂的社会如何危及未来》(Donald L. Bartlett & Mames B. Steele, *The Betrayal of the American Dream*, 10—11, 2012; Peter Edelman, *So Rich, So Poor: Why It's so Hard to End Poverty in America*, 32—34, 2012; Joseph E. Stiglitz, *The Price of Inequality: How Today's Divided Society Endangers our Future*, 2012)。

② 约瑟夫·斯蒂格利茨:《不平等的代价:当下分裂的社会如何危及未来》(Joseph E. Stiglitz, *The Price of Inequality: How Today's Divided Society Endangers our Future*, 2012)。

③ 阿维亚姆·索伊费尔:《地位、合约和不能实现的许诺》(Aviam Soifer, *Status, Contract, and Promises Unkept*, 96 Yale L. J. 1916, 1939—1945, 1987)。

律面前人人平等还是贵族享受特权。

再来看南非的持续困境,南非的反种族隔离宪法一方面确保现有的私有业主得到法律公正保护,另一方面批准:为了满足南非从种族隔离社会过渡到自由民主社会的需要,可以对土地进行改革并修改普通法。除此之外,南非还要不断作出抉择,这些抉择不仅要反映务实的经济和政治的需求与现实,还要反映基本价值观。有一件事难以抉择,即是否要规定所有"既定财产权利"必须得到保护,因为这可能是奴役得以存在的根由。

杰里米·沃尔德伦(Jeremy Waldron)解释说财产使自由权成为可能。他说,人所做的一切必须在特定场所内完成。没有场所,人什么也做不了。[①] 弗吉尼亚·伍尔芙(Virginia Woolf)有个著名的论断:没有自己的房间,女性无法写作。[②] 如果财产法体系不能让每一个人都有可能成为业主来实现完整生活,或者不能拥有能行使自由的场所准入权,我们就被剥夺了个人自由,因为自由是创造财产权利的首要原因。如果这个社会选择的生活方式是摒弃种族隔离,那么不仅要将财产权从一个种族重新分配到其他种族,还要确保平等的自由权。[③]

关于不平等的度在什么范围内合适,单纯的量化或经济分析无法回答,因为这里还涉及自由和平等价值的内涵;涉及对自由民主社会的结构特征的选择。保守派认为财产再分配是可憎的,因为财产是自由的根基;按这种观点,剥夺财产就是剥夺自由。但自由派认为,既然财产是行使自由的必要条件,那否定财产所有权不啻否定行使自由的能力。按照

---

① 杰里米·沃尔德伦:《无家可归和自由问题》(Jeremy Waldron, *Homelessness and the Issue of Freedom*, 39UCLA L. Rev. 295, 1991)。

② 弗吉尼亚·伍尔芙:《一间自己的房间》(Virginia Woolf, *A Room of One's Own*, 1929, http://ebooks. adelaide. edu. au/w/woolf/virginia/w91r/)。

③ 约瑟夫·威廉·辛格:《财产与平等:南非和美国的公共安置法和宪法》(Joseph William Singer, *Property and Equality: Public Accommodations and the Constitution in South Africa and the United States*, 12 South African J. Public L. 53, 1997)。

这种观点，则需要再分配来促进自由。判断我们的制度能否创造足够的机会来获得财产（或者财产赋予的能力），涉及一些原则性问题，这些问题只有在诠释自由、平等和民主这些基本价值的内涵的基础上，才能找到答案。

## 三、谁能拥有财产

我们需要法律来界定谁能拥有财产以及财产如何分配。美国宪法第十四条修正案确定了"法律的平等保护"原则；1866 年《民权法案》确保每个公民，不单单是白种人，都享有平等购买和拥有财产的权利。[①] 1964年《公共住房法》确保任何种族都有出入公共场所的"平等准入"权。[②] 最高法院曾在谢利诉克雷默案（Shelley V. Kraemer）中诠释了平等保护条款——允许财产所有者拟定种族限制契约，但是法院不授予他们执行权。[③] 1968 年《公平住房权利法案》规定，禁止制定种族歧视协议及种族歧视限制，不得因种族、宗教或原国籍等原因而拒绝出售、出租或抵押财产。[④] 所有这些法律和判决都体现了当代美国财产法的核心原则，即反种族隔离原则；没有人会因肤色而被剥夺获得或享有财产的机会。[⑤] 在21 世纪，我们会认为这些法律是理所应当的，但是财产准入的种族限制及对这一限制的废除就发生在我的有生之年。19 世纪颁布的《已婚女性财产法》确保已婚女性有权持有和处理自己的私有财产，只有少数承认"夫妻共同财产"的州赋予已婚女性对婚内夫妻双方或一方获得的财产享有平等的权利。直到 20 世纪 60 年代，大多数州才颁布法规，确保已

---

[①]《美国宪法修正案》(U. S. Const. amend. 5；42 U. ．C. § 1982)。

[②]《美国宪法》(42 U. S. C. § 2000a)。

[③]《美国宪法》(334 U. S. 1,1948)。

[④]《美国宪法》(42 U. S. C. § 3601 et seq)。

[⑤] 约瑟夫·威廉·辛格：《美国财产法中的反种族隔离原则》(Joseph William Singer, *The Anti-Apartheid Principle in American Property Law*，1 Ala. C. R.-C. L. L. Rev. 83,2011)。

婚女性享有婚内积累的财产，当然，只有离婚才能分得财产。①

谁有权利拥有财产这一问题并不仅限于歧视。试想一下由于房东拖欠次级抵押贷款而丧失抵押品赎回权导致租户被扫地出门的情况。按期缴纳房租的租户有权继续续租吗？传统法律认为他们并不享有该权利，因为租户并不是业主，新业主在给予了必要通知的情况下，有权终止定期租赁。② 但再追溯一下就会发现，当业主将房产抵押办理贷款后，他也就不再是房屋所有者了。有些州——如马萨诸塞州联邦——仍保留这一套旧体系。如果你在马萨诸塞州向银行申请了抵押贷款，在还清债务前，银行都将对你的财产享有所有权。同样，用信托契约来代替抵押贷款的西部诸州，赋予信托公司财产所有权，直至债务偿清。在英国，尽管在贷款时借款方就将财产所有权转让给了贷款方，但如果借方违约拖欠，衡平法院（the equity courts）会介入来保护"非业主"权利，免于严格止赎；只要他们在合理期限内还清贷款，即使有所拖欠，这些人也可以继续居住在不为他们所"拥有"的地方。各州法律同样给予业主继续居住在家中的权利，而且只要他们能及时偿还欠款，就能避免丧失抵押品赎回权。在马萨诸塞州和加利福尼亚州，即使房主在办理抵押贷款后丧失所有权，即使业主郑重承诺会按期还贷而未能履约，这些保护权依然存在。

那为何支付租金的租户在房东丧失抵押品赎回权后，却没有同等权利继续居住呢？特别是在银行成为新业主且无意自住的情况下？在抵押贷款情形下，我们认为银行关注的只是贷款是否已按合同拟定的利息还清；而房主关注的却是对家园的个人依恋，无论合同条款如何规定，都应当被关怀。只要银行没有受到经济损害，抵押法就赋予房主继续住在

---

① 约瑟夫·威廉·辛格：《财产法》(Joseph William Singer, *Property*, § § 9.3.1—9.3.2, at 397—409, 4th ed. 2014)。

② 约瑟夫·威廉·辛格：《财产法》(Joseph William Singer, *Property*, § 10.5.4, at 472—473, 4th ed. 2014)。

家中的权利。为何租户不能享有该权利呢？事实上，有些法律规定租户有权续住，除非房东以合法理由驱逐他们，例如，房东自己有意入住。[1]然而多数州仍认为租户作为"非业主"，无论之前居住多久，一旦租赁期满，都无权继续居住。

马萨诸塞州通过了一项法令，规定缴纳租金的租户即使在止赎后也可以不搬迁，前提是该房产由拥有抵押权的银行通过止赎出售购买了该房产，这种情况经常发生。依据该法令，只有当所有权转让给第三方业主时，租户才面临着被驱逐的危险。该法令是剥夺了银行的财产权利，还是保护了租户的财产权利？除非有正当理由被驱逐，否则租户是否应享有继续居住的权利？租户是否应当被看作租赁房产的"业主"，而房东则沦为居次要地位，只是作为未来利益持有者——只有当房东自己想要入住房屋时，他才能驱逐租户？除非新业主有更迫切的需求，否则缴纳房租的租户是否有权在止赎后续住？

回答这些问题，要求我们选择我们想要哪种社会生活。它要求我们判断违约的业主和缴纳租金的租户之间是否存在相对差别。它要求对牵涉到的相关利益、价值、权利和各方的合理预期进行规范的分析。它要求我们判断有家可居的价值。

如今我们需要法规来解决当所有权主张发生冲突时所涉及的问题。如果我和邻居在双方都认可的边界处围上栅栏，但三十年后，却发现栅栏的界限与地契不符，相差 60 厘米，这时该怎么办？我们本可以依据书面地契明文规定的、并经土地测量确认的住宅界限，但许多国家依然会以长期存在的栅栏隔离区域来确定住宅界限。在这些情况下，我们必须做出选择：是以正式文件来确定界限，还是依据长期存在的非正式的默许，抑或是依据邻里达成一致的协议。由于边界划分错误频出，逆权侵

---

[1]《华盛顿法案》；《新泽西法案》；约瑟夫·威廉·辛格：《财产法》(D. C. Code § 45—2551；N. J. Stat. §§ 2A：18—61. 1 to 2A：18—61. 12；Joseph William Singer, *Property*, § 10.5. 4, at 472—473, 4th ed. 2014)。

占法为确保所有人的合理预期,一般以长期默认的、至少双方均无异议的边界来划定。

当租户拖欠租金时,类似的产权分配问题就会出现。通常,我们认为这意味着房东有权驱逐租户并收回房屋,但是如果租户以房东未遵守住宅法为由,如未修理供暖的火炉,而拒绝支付租金,则多数州不允许驱逐租户。此类案例中保护租户不受驱逐的前提是,房东未遵守住宅法而违约在先。由于租户购买的是宜居的公寓,所以他们有权要求业主提供必要的服务,来保证住房条件与法律规定的当时的时代标准相匹配。

在止赎背景下,次贷危机给法院带来了数不清的问题。银行如果不能出示书面证据来证明它有权执行抵押贷款,它是否有权止赎?由于之前次级抵押贷款的证券化已达到巅峰,银行经常疏忽大意,对抵押转让没有去清楚地记录。只有当违约和止赎诉讼达到百万次,有些银行才开始警醒,重新启用已存在数百年的产权登记规则。单纯证明财产占有人不是业主或没有所有权,不能驱逐一个安分守己的财产占有者。即使你能证明他非法入侵,你也不能强制剥夺其财产。唯一有权驱逐一个安分守己的财产占有人的,是能证明自己拥有所有权的人。当银行不能出具清晰的书面证据来证明他们在抵押贷款中获得的权利,有些法院拒绝银行止赎。

该领域的法规本就复杂,由于银行在贷款记录维护上的失职,事情变得更加错综复杂。法院也进退维谷:一方面他们想帮银行执行抵押权,保护贷款方能收回贷款的权利;另一方面他们也保护业主免于不当止赎。无论怎么解决这一困境,关键在于,我们要采纳并执行相关法规来判断谁有权占有财产。我们需要抵押法和止赎法;就是说,我们需要法规。没有法规,就没有财产。

## 四、财产权利持续多久

上大学时,我选了兰德尔·巴特利特(Randall Bartlett)教授的经济学导论课。学期初的一次课堂上,他就问我们是否赞成经济竞争。由于之前的教育告诉我们竞争有益,于是我们都表示赞成。"真的吗?假如当你们来上课时,都不能确定你的位子是否已经坐了别人,而且这个人随时准备替代你、有决心并有能力比你做得更好,你们乐意吗?"哦,不,那将是个灾难,当时我们都这样想。这就如同回到家发现另一个人已经睡在你的床上,就像电影中的日瓦戈医生,他回到宅第,却发现好几十人住在那里。我们所有人都希望自己有家可回,上课有自己的位子坐——至少学期结束前是这样。如今我作为一名财产法学者,已经明白我们重视的其实是财产,尽管巴特利特教授当时没有明说。我们希望有稳定的预期,即使那种稳定性只是暂时的,我们想要一个能遮风避雨的容身之所,投身于学业,充分利用大学能提供的机遇。

当然,并不是说有了财产法体系,我们内心就高枕无忧了。在我十几岁的时候,曾在管弦乐队拉小提琴,为能进入某些乐队必须经过一番龙争虎斗。试奏不仅决定你能否进入该乐团,还决定你坐哪个位子。不仅如此,乐队中坐你身后的小提琴手可以随时要求一场挑战你的试奏,试图取代你的位置。日复一日,你从不知道哪天是否会有人挑战你,比你演奏得更好,然后取代你,让你灰溜溜地坐到更靠后的位子。你甚至会被一名少年管弦乐队的成员挑战,而这种挑战的确有可能把你拉下马,让你颜面尽失。甚至还有比这更残酷的竞争体系,即允许任何人——包括非乐团成员——在任何时刻来竞争你在管弦乐队中的位置。这种观点并不是天马行空式的设想,而是真实存在。美国人极少有终身职位;美国的自由就业制度意味着大多数美国人可能因为任何一种(非歧视性)原因随时被解雇。经济的最新变化使更多人变成了独立合同工,他们比一般雇员更缺乏就业安全感。

另一方面,财产法体系通常并不这样运作。如果你想买我的房子,你可以跟我谈条件,但我有权毫无理由地拒绝。我根本不需要向你解释什么,尤其不用证明我比你能更好、更有效地使用产权,或我比你更加重视它。无论你多么想要这个房子,无论你心目中房子的使用价值有多大,你都不能强迫我卖掉我的财产。这是社会生活各种可能形态中落实于法律体系的一种价值观选择。我们是选择让一切井然有序——上课你有座位,只要遵规守纪,完成各项学习任务,就有权毕业;还是宁可选择像散工或独立合同工一样,不断证明自己,担心随时会失去大学里的位置? 我们选择赋予业主选择何时出售产权的自由权,还是选择只要认为有其他人更值得拥有财产,就强迫业主出售?

有条件所有权在美国律法中并不新奇。19 世纪美国曾依据私人宅地法出售了一些联邦政府的土地,这些土地就受条件限制:买方必须在购买的土地上建造房屋并且劳作。[1] 当时国会认为定居的移民比之投机商可以更好地利用土地,所以国会对所有权作了上述条件限制。依据普通法的"相对困难"(relative hardship)原则,如果你的建筑侵害了我的财产,而你此前笃定那部分财产属于你,同时我也没有去阻止你建房,则法律允许你迫使我将土地出售给你。[2] 如果未经我的许可你长期占有了我的财产,依据普通法,你有权通过逆权侵占(adverse possession)占有我的财产。[3] 如果你拥有的某项受协议限制的权益影响我对财产的最佳利用,有时法院甚至会强迫你将该项权益出售给我。[4] 夏威夷州曾强迫瓦胡岛上的土地所有者将他们的财产出售给佃户,理由是产权分配极其不均,几乎剥夺了岛上所有人拥有产权的机会。[5] 依据版权法中的正当使用例外(fair use exception),你无权阻挠我行使对你的知识产权进行评

---

[1] 劳伦斯·弗里德曼:《美国法律史》(Lawrence M. Friedman, *A History of American Law*, 416, 2d ed. 1985)(描述 1862 年《莫里尔法案》)。

[2] 约瑟夫·威廉·辛格:《财产法》(Joseph William Singer, *Property*, § 2.4.1, at 43—44, 4th ed. 2014)。

[3] 约瑟夫·威廉·辛格:《财产法》(Joseph William Singer, *Property*, § 4.2, at 145—158, 4th ed. 2014)。

[4] 布莱克利诉戈林案(Blakeley v. Gorin, 313 N. E. 2d 903, Mass. 1974)。

[5] 夏威夷住房署诉米德奇夫案(Hawai'i Housing Auth. v. Midkiff, 467 U. S. 229, 1984)。

论的自由。①

在以上所有例子中,法律制定者都面临一个选择:财产或竞争,稳定或变革,平静受益权(quiet enjoyment)或新的发展。我们想要多少稳定?想要多少竞争?业主应该拥有多大权利来阻止他人侵犯产权价值?业主对社区和邻居具有哪些义务?财产法体系必须就稳定和竞争之间合宜的度表明立场。

在美国独立战争之际,如果有人想在一个小镇上开一家竞争性的小店,此举会被认为侵犯财产权。但在查尔斯河大桥案中,美国最高法院裁决,美国律法规定:没有财产权能免于正当竞争。② 在另一起案件中,伊利诺伊州的最高法院裁决,普尔曼公司出售在伊利诺伊州普尔曼的财产,依据是城市公司(company towns)有悖"我们的制度精神"(the spirit of our institutions)。③ 选择多少业主才足够及保护多大程度的稳定性,是关于社会和政治生活本质的选择——这些选择取决于对以下问题进行准则性思考:保护个人自由意味着什么,如何以同等的关心和尊重对待每一个人以及生活在一个自由民主的社会意味着什么。

## 五、我们可以用财产做什么

财产权并非不受约束,因为我们并不是离群索居。我们对财产的使用会对他人财产造成影响。若我们想拥有私人财产,就必须对业主行为进行限制,以确保邻居可以安居乐业。我们限制人们对财产的使用方式,以确保邻居免受空气及水污染带来的危害。我们实施分区

---

① 17 U.S.C. § 107.

② 查尔斯河大桥业主诉沃伦桥业主案;斯坦利 I.库特勒:《特权和创造性破坏:查尔斯河大桥案》(The Proprietors of the Charles River Bridge v. the Proprietors of the Warren Bridge, 36 U.S. 420,1837);Stanley Kutler, *Privilege and Creative Destruction*:*The Charles River Bridge Case*,1971)。

③ 皮普尔依据告发莫洛尼诉普尔曼宫汽车有限公司案,《东北汇编》(People ex rel. Moloney v. Pullman's Palace-Car Co., 51 N.E. 664,674,Ⅲ. 1898)。

法,来确立建筑退缩尺度并限制建筑高度。此类法律也将住宅地产和工业地产这样不兼容的财产的使用区分开来。我们防止公寓租户制造太多噪音,而使得邻居夜不能寐。我们强制执行房屋或公寓业主委员会签订的协议和规则,确保邻居集体控制环境,保障公共财产使用的共识规则,避免财产使用不当导致邻里不和。我们允许业主创办公司,与他人形成竞争关系,哪怕致他人破产也无妨,但我们阻止遏制竞争的垄断行为。

虽然通常情况下我们允许业主自主决定邀请或拒绝访客,但我们禁止零售店因顾客的种族和宗教而拒绝服务。我们防止财产所有者因顾客的种族、宗教和性别而拒绝向顾客售卖、租赁或抵押财产。我们要求企业面向大众,设置残疾人通道。我们限制排他权,这样一来,参与经济生活的权利(包括获得和享有财产的权利)就不会仅限于特殊种族或特权阶级。

我们建立产权记录机构来确保财产所有权明晰,这样,潜在买家和贷方就能判断谁是财产所有者,该财产之前是否会受到抵押贷款、租赁、地役权利等他项权利限制。为了让所有权明晰,我们要求大部分财产交易采用书面形式。遗嘱也要采用书面形式,确保遗嘱签署有两位见证人,避免唯一见证人作证时带有偏见,导致无法准确判断逝者关于由谁来继承其财产的真正意向。"产权让渡限制"旨在限制业主将所有权转让给他人的权利,因此对于大多数此类限制,我们拒绝执行。相反,在确定没有不公正情况发生时,我们允许以口头或非正式形式转让财产权。

若需要兴建高速公路和政府办公大楼,各州可以征用土地。如果财产被用于非法用途,依据刑法以及民事财产没收法,财产将被没收。房东有权驱逐不缴纳租金的租户,若业主拖欠抵押贷款,银行有权止赎。但是,我们也保护租户免遭房东肆意驱逐,如房东换锁或禁止租户入内;相反,驱逐租户必须遵循法庭程序,给予租户机会来陈述不应被驱逐的理由,若有必要,给予其足够时间换租。此外,止赎必须遵循既定程序,确保其执行过程公平合理。

所有这些法规都只是冰山一角。大多数法学院课程都涉及了财产法规,课程包括:公司法,伙伴关系法,票据法,担保交易法,不动产法,家庭法,信托及房地产法,税法,破产法,土地用途管制法,环境法,石油、天然气和能源法,水利法,以及联邦土地管理法。在所有这些领域,都需要依照规则来决定要制定什么样的套餐权利,谁能拥有何种资源,业主可以利用这些资源做什么,以及业主如何将资源转让给其他人。回答这些问题需要依据诸多法律,因为不同社会情境下会有不同答案,而且我们并非生活在孤岛上,我们使用财产会对他人产生重要影响。正如自由权的行使必须与他人的自由权兼容,财产权利的行使也必须不触犯他人的财产权利及自由权。要确立私有财产制度就要确立一个财产法体系,而确立财产法体系就是要接受法规。

## 六、财产与黄金法则

我们并非避世独居,我们有邻居。这显而易见,但涉及财产时,我们常常忘记这一点。例如,我们经常会因分区法限制我们处置自己土地的自由而恼怒。若是我想要在原有住房的基础上增设一个餐厅,那不仅需要获得建筑许可证,还要遵守分区法规定,分区法规规定了新房的规模大小。在某种意义上,这意味着我们的财产权利受到限制。那么为何该法还有效呢?该法要求在一定程度上保持地面可渗水,以防地面完全被建筑和沥青覆盖而导致降雨时发生洪水。该法也确保了建筑物边界之间有足够余地,以便邻居能够呼吸新鲜空气,或在自家附近走动时不致侵犯邻居地界。该法对我们进行限制,旨在确保我们不会侵犯邻居享受财产的平静受益权,并避免因我们违规建筑而导致邻居房屋处于危险中。限制我们行为的自由是为了保护邻居的安全,反之亦然,限制邻居行为的自由也是为了保护我们的安全。

我们很容易忘记,财产权利不仅是个人权利,也是一种制度,要求每个人的权利与他人权利兼容。财产使用限制旨在保护邻居的财产权利,而并非对业主权利进行压制性干扰,因为自由民主社会确保每个人与他人同样享有平等的基本权利,所以财产使用限制也是在自由民主的社会中建立私有财产体系的组成部分。民主社会提倡"人人生而平等",这就意味着,我们不能只将财产权赋予某些特定群体或允许他们破坏他人财产权。分区法限制你如何使用财产,同时也限制邻居的行为来保护你的财产权不受侵害。

许多年前,俄勒冈州通过一项公决,在某种程度上选择性地解除对财产的管制,这意味着同一条街上部分房产受限,部分不受限制。那些投票赞成《测量法 37》(Measure 37)的人认为,禁止在毫无补偿的前提下强行施行新的土地使用限制会保护他们个人的财产权。这些人设想没有分区法限制会大捞一笔,以为《测量法 37》的通过可以让他们开发房地产,或将房地产出手给建筑商以牟取利润。但他们没有意识到,该法同时给予了邻居类似权利,而且这条街上的某些业主受制于法规,而其他业主却没有义务遵守该法规。若有一部分邻居不受法规限制,这就意味着,住在独户住宅区的一户人家,可能有一天突然发现他家隔壁正在建一栋高层公寓楼,抑或是加油站。

当业主们因没有分区法管制而蒙受损失后,就意识到解除对邻居财产的管制同时也会减少自身财产的价值,并干扰自身对房屋的使用和享用。他们在投票废除分区法之际,根本没有想到这会危及自身的财产权利。他们本认为鱼和熊掌可以兼得:享受解除法规带来的利益(可以在自己的土地上为所欲为),同时享受解除法规之前的待遇(他们认为邻居不会做出格的事,不会损害他们对自己财产的享用)。但是当他们发现解除财产管制会干扰到财产使用和享用时,投票者便通过了另一项实质上等于撤销前法案的新法。分区法作为一项监管法规,可能会限制我们使用土地的自由,但因此也保护我们的财产权不受伤害,而不是剥夺我们的财产权。

## 七、业主有哪些义务

波士顿市中心有一块巨大的废墟存在了好几年,让市长十分懊恼。事情是这样的:法林百货商店关闭之后,其建筑被新业主买下,随后被夷为平地,而次贷危机旋即带来巨大冲击,该业主要么没有能力、要么不愿意重新开发这块土地。这便给繁华的市中心留下了一块丑陋的伤疤——好几年都是人们的眼中钉。[①] 这块废墟影响了周边区域的发展,剥夺了附近住户和社区原本能够将之作为商业区和住宅区进行建设的整体利润。市长与城市的其他官员尝试了一切办法,试图说服业主开发这块土地,但都是徒劳。对业主而言,最有价值的利用方式便是让这块地空着,等待这块地的市值上涨,或者等到经济从大衰退(the Great Recession)中复苏。同时,这块空地能否开发取决于银行是否能从次贷危机中复苏过来,只有复苏了,银行才有充裕资金并愿意发放开发所需的贷款。

或许城市能够动用土地征用权将这块空地征收,再将土地移交给能够开发它的业主,而不是等待着市场升值。当然,这将会让本来就备受批评的凯洛决议(Kelo decision)再度升温,在这一决定中,联邦最高法院批准从业主手中征用土地并移交给其他业主,作为街区再发展计划的一

---

① 詹恩・阿伯森:《波士顿人渴望重建市中心十字路口》(Jenn Abelson, *Bostonians Dream Big About a Reborn Downtown Crossing*, Boston Globe, Feb. 19, 2012);艾略特・布朗:《新塔将会填补波士顿伤疤》(Eliot Brown, *New Tower Would Fill Boston's Scar*, Boston Globe, Feb. 13, 2012);托马斯・格里罗:《悬滞的法林项目静待重生》(Thomas Grillo, *Stalled Filene's Project Poised for Rebirth*, Boston Business J., June 11, 2012);保罗・麦克麦罗:《交易的艺术——波士顿风格》(Paul McMorrow, *The Art of the Deal*, Boston-style, Boston Globe, Feb. 7, 2012);格雷格・托纳:《从基底到楼塔:面对市中心十字路口的公寓、商铺》(Greg Turner, *From Basement to Tower*:Condos, Shops Eyed for Downtown Crossing, Boston Herald, June 12, 2012)。

部分。由于这种形式的征用遭到人们普遍反对,许多州修改了法律,限制对这种土地征用权的使用。在很多州,即使这块空地导致不良的外部效应,也不能强制征收法林的土地,这是违法的;而在另一些州,只要空地构成某种形式的"颓败",征用行为便完全合法。那么,当空地可能有极大的开发价值时,业主有权将其空置吗?城市是否有权使用土地征用权将其移交给愿意开发的新业主?

这一难题折射出一个准则性问题:业主究竟是在合法地行使财产权利,还是因为无所作为而无端地对社区造成伤害?究竟是业主合法行使自身权利,还是对这座城市的其他人产生了负面外部效应,并损害了其他业主的财产权和生活水平?归根结底,波士顿的困境在于,该业主是否有权单方面决定在城市中心造一个大坑,并固执地让它荒废多年?或者相反,城市是否有权干预业主肆意妄为地行使财产权利的自由?究竟是业主自由而理性地履行合法财产权利的问题,还是个人对他人财产权利造成冲击和损害的问题?

假设城市通过土地征用权获得了财产,同时对业主损失的市值进行补偿,然后立即将其转让给另一个愿意且又能力立即重新开发该地产的开发商。这算不算对业主财产权利的侵害?自由意志论者也许会反驳,当社区想要将 A 的地产移交给 B 时,业主们没有义务为了社区的集体利益而牺牲自己的地产,如果城市真的非常想要这块地产,它应该给业主提供足够诱人的购买价让业主心甘情愿出售;如果业主拒绝出售,只能说明,他不仅是在行使自己合法的权利,也比其他任何人更加珍惜这块土地。

然而,问题远不止这么简单。甚至是自由意志论哲学家罗伯特·诺奇克都表达了对唯一所有权的担忧,他认为,如果某个人拥有了沙漠中唯一的水源,那么他便有义务与其他人分享水源。[1] 所有权,伴随

---

[1] 罗伯特·诺齐克:《无政府、国家与乌托邦》(Robert Nozick, *Anarchy, State, and Utopia*, 180,1974)。

而来的就是排他权,这一权利授予业主拒绝向他人提供生存必需品的权利。[①] 但授予业主否决权——允许业主自行决定是否在波士顿市中心的十字路口保留空地,被认为违背了民主准则,不啻赋予单个业主专制权力凌驾于整个社区权力之上。这种情况类似于贵族领主权。我们的财产准则与作为一种政治管理方式的民主共存;如果财产法允许少数人将自己的意愿强加给大多数人,将会导致一系列问题。

同样,对于这一问题该如何合理解决,自由派也是见仁见智。自由派担心,依照土地征用权,大多数人可能会选择让无权无势的工人阶级或贫苦业主搬出自己的陋屋,然后把他们的财产转让给大公司开发。自由派同时担心多数人可能决定对社区进行美化改造,从而遣散少数民族聚集区。只要颓败的地产被征用并重新分配,穷人的财产就容易面临被征用的危险,而富人们则无此风险。这如何体现法律的平等保护原则呢?

另一方面,当一块空地影响当地经济、已经成为商业中心一块碍眼的环境污点时,我们可以将其定义为"颓败的"地产。业主们无权使用自己的财产去侵害其他人的财产权利,也无权将自己的意志强加给社区。毕竟,我们生活在一个民主自由的社会,我们不必忍受将意志强加于佃农的领主作风。正如自由意志主义者所辩论的一样,自由派需要协调相互冲突的利益和利害攸关的价值观,包括权衡业主和邻居的财产利益——即在生机勃勃的市中心聚会、做生意和休闲娱乐的利益。

那么,这里的业主究竟是在行使合法的财产权利,还是在给社区造成伤害? 他有权将自己的利益置于社区之上吗? 又或者,他是否有义务开发自己的地产,或服从土地征用权的征收将其转让给愿意开发它的人

---

① 劳拉·昂德库夫勒:《财产的概念:意义与权力》;杰里米·沃尔德伦:《无家可归与自由问题》(Laura S. Underkuffler, *The Idea of Property: Its Meaning and Power*, 125—127,2003; Jeremy Waldron, *Homelessness and the Issue of Freedom*, 39 UCLA L. Rev. 295,1991)。

呢？这些问题都需要在冲突的价值观间作出准则性选择,同时也需要我们诠释这些价值观的内涵。当我们认为只要其他人能够更好地利用某份地产时,就可以使用土地征用权,这是否构成对业主合法平等权利的剥夺？又或者,业主拒绝开发其地产,这是否剥夺了其他业主的财产价值而构成不平等权力？土地征用权的使用,究竟是违背了平等准则还是促进平等准则？究竟是剥夺了业主随心所欲地使用其财产的自由,还是通过减少妨害而保护了周边业主的财产平静受益权？这些问题不仅反映了普通法的信条,也折射出宪法准则。这些问题代表了我们对基本的结构性准则的选择,代表了对生活方式的选择,代表了对权利(rights)与权力(power)关系的选择。

在一个自由民主社会,业主们享受权利的同时,也负有义务。餐厅和商店不能因顾客的种族或宗教信仰原因而拒绝接待顾客。公共设施也应该尽合理的义务为残疾人提供服务。如果业主想要保护他们的土地不受逆权侵占的损害,他们便不能对自己的财产长期置之不理。业主们也无权投票通过不适当地限制宗教机构社区活动的分区法。房东必须为租户提供供暖系统和热水。业主们不能随心所欲地干预附近业主享受对财产的平静受益权,也无权与买家签订妨碍土地让渡的不合理协议。业主要出售财产,必须签订书面交易合同,并在契约登记处对票据信息进行登记。业主如果未遵守当地建筑和施工法,也不能任意建造房屋。法律让业主承担的义务不可胜数,而业主必须履行哪些义务则取决于我们内心深处最关切的准则和价值观。

财产法旨在宣扬自由、机会、安全和财富;但同时也旨在防止业主对他人造成损害或行事不当。例如公寓协会,便有权通过旨在规范小区单元使用及公共领域使用的规则,公寓业主们必须遵循这些规则。但法律同时限定了可能被通过的规则种类,那些过于干涉个人自由的条款将被视为协会合法权益之外的违规操作。例如,禁止业主们在自己的家门上展示宗教符号的协会规则可能会被禁止,因为这些违反了公平住房法,该法案当保护宗教少数群体在住宅权上不受排斥。[1] 在这种及相似的情境下产生的问题几乎无穷无尽。公寓协会是否有权禁止人们在小区任何地方吸烟,包括公共区域和住宅单元内?是否有权禁止业主张贴支持某位政治候选人的标语?大学是否有权阻止学生在宿舍窗户上张贴政治标语?或张贴国旗?或纳粹的十字标志?购物中心是否有权阻止穿着印有"地球和平"标语或奥巴马人像的 T 恤的顾客入内?定义财产权利的范围意味着定义个人在自由民主的社会中的权利和义务。

## 八、普通法如何构建市场体系

如果我们回想一下为什么没有法律框架市场本身将无法存在,我们就会更好地理解财产与法规的相互关系。虽然我们倾向于认为自由市场是一个不受法规约束的竞技台,但是只要对普通法关于民事侵权行为、合同和财产的相关规定进行分析就会发现,即使我们根本没有管制法令,市场仍依赖一个复杂的管制结构。普通法的框架保障广泛的行为自由,但也限制了我们肆意行事的自由,从而保护受我们行为的影响的他人的安全。为调节自由和安全之间的张力,普通法允许我们按自己的方式生活,但同时要求我们每个人关注并不得损害他人权益。自由派和保守派对于何为市场规则的底线这一点确实有分歧,但只要拥护自由市场,就不会真的否认这些最低标准存在的必要性。

在我们的制度中,我们可以按自己的心意自由生活;我们每个人都有追求幸福的权利,但我们的自由行为一旦对他人产生干扰,问题就来了。一个自由、民主的社会并没有赋予我们对他人利益熟视无睹的权利。当下,不同的社会生活领域遵循不同的道德准则。市场道德不同于家庭道德。市场竞争可以争个鱼死网破,而家庭成员却相濡以沫,互相

---

[1] 布洛赫诉弗里斯赫勒兹案(Bloch v. Frischholz, 587 F. 3d 771,7th Cir. 2009)。

帮扶。消费者在购物时锱铢必较,而捐助慈善机构时却不惜一掷千金。企业要削减开销,而政府却在基础设施上大笔花钱。

我们应该意识到市场道德与家庭道德、社区道德以及普遍意义上社会生活道德的差异性。同时,市场确实有一个道德准则。市场体系通过习俗和法律来限制我们的行动自由以保护他人的合法权益,从而实现自身利益和公众利益间的平衡。追求利润最大化是公司的职能所在,但这一职能不是、也不应该忽略法律及道德对自身行为的约束而损害社会结构。一家公司如果没有考虑到自己的行为对社会、对缔约方的影响,将会破坏实现利益最大化的前提条件,将会损害支撑我们生活方式的社会准则。

个人有按自己意愿行动的自由,但前提是不能逾越法律的界限。指导市场体系的法律参照合同法、侵权法和财产法的基本规则,这些我们在法学院的第一年就教给学生。这些领域的法律的基本原则是什么?这些原则是否支持以下这个命题:只要不违反法令或行政法规,就可以忽视他人的合法权益?

答案是一个洪亮的"不"。尽管我们可以按自己特有的方式自由生活,但侵权法的基本原则就是:我们有举止得当的义务。这一义务在过失法中处于核心地位,它要求我们在争取自身利益的同时,权衡他人利益。我们被要求遵守明确的法令和规章来约束自己的自由,但普通法同时也要求我们始终有义务避免玩忽职守,不能肆意妄为,不能在可预见的范围内给他人造成严重伤害。

我们在日常生活中也不能忽视他人利益;事实上,我们有基本的义务来思考自己的行为方式是否对他人产生影响。而且,我们不仅有义务思考自身的行为对他人产生的影响,还有义务权衡自身利益与他人利益之利弊来决定我们对他人可能造成的伤害是否合理。如反问自己:我们能否向中立第三方(如陪审团)解释我们为什么要这样做?我们能否向我们行为的受害人解释,为什么这只是一个不幸的遭遇而不是有意为之的恶性事件?

侵权法基于以下这个基本观点:没有人是孤岛;己所不欲,勿施于人。当然,法律不可能阻止所有伤害;如果法律事无巨细都要约束我们的行为,我们也就无自由可言。过失法并不会将所有不道德的行为定性为法律过失;我们如此重视人身自由和尊严,不至于把政府变成乔治·奥威尔小说里的老大哥(Big Brother)。但是,法律确实禁止那些会产生不合理伤害的行为——这里的伤害指的是至少在没有补偿情况下、鉴于社会福祉我们不应施加的一类行为或总体效果。

或许令人吃惊的是,合同法也有一个类似的道德标尺。我们生活在一个自由市场体系中,我们有权追逐利益、挣钱、积累财富,通过自己的劳动和聪明才智抓住商业机会并从中获利,但是我们不能在从事合作性事业时忽视他人的利益。有一点,我们已经看到,即各州都有关于合同的法规,这些法规给所有合同关系设置了最低标准,以确保合同符合基本的公平准则。回想一下生活中我们可能签订合同的情况:就业、买房、结婚、买保险、买消费品、借钱。这些情形下签订的每一份合同都受各州和联邦法令和法规的约束,以确保合同条款达到最低标准。这些标准旨在确保我们付款后得到我们想要的,而且确保我们获得某些最起码的套餐权利,并从每一份合同关系中获益。

一旦我们遵从法规限制,就不能为所欲为。契约自由制度没有赋予我们权利去从事诈骗活动或欺骗合同缔约方、剥夺他们已商定的利益。所有合同缔约方都有基本义务去规避不诚信行为。普通法的反诈骗规定,禁止市场参与者通过虚假借口或误导性言论哄骗他人购物或出资。股票持有者在反诈骗规定中得到的保护远多于工人,[1]但共同

---

[1] 参见肯特·格雷菲尔德:《联邦反欺诈保护在劳动力市场的不当缺失》(Kent Greenfield, *The Unjustified Absence of Federal Fraud Protection in the Labor Market*, 107 Yale L. J. 715, 1997)。

原则是，以虚假借口夺取他人财物，在本质上是错误并违法的。鉴于这一原因，所有合同都必须遵循一个基本法律原则：我们要诚信履行自己的义务。

我们按照普通法和道德义务来履行承诺，而不是在合同的语言辞令上寻找漏洞、耍小聪明以规避义务。诚信义务要求我们考虑我们的许诺是否完全被我们的合同缔约方理解，要求我们不仅顾及自身利益，也要顾及其他缔约方的利益。类似于侵权法中的过失原则，合同法体现黄金规则（Golden Rule）。这一点特别体现在消费者保护法通过种种手段为合同关系来制定最低标准，以确保我们购买到想要的产品并保护我们的正当预期。

财产法保护业主权利，同时也规定"涉他"义务（other-regarding obligations）。普通法的妨害原则，反对业主在自己的产权范围内有绝对权利的观点，禁止土地所有者对财产的使用方式不当干扰邻居对地产的使用和平静受益权。法律禁止我们污染邻居的土地，或制造噪音或骚乱。尽管我们在自己的地产范围内可以自由行动，但有义务考虑我们的行为是否对他人产生负面影响，尽量避免可能产生的不当伤害。再说一遍，我们不能只考虑自身利益；在行使财产权利时，我们必须考虑后果，不能干扰他人的人身和财产权利。

此外，财产法在构建正当的业主应享权利（ownership entitlements）时，考虑了财产权利的系统效应。法律的各种技术原则（如规范房地产制度、地役权、租赁权和婚姻财产的原则）限制我们制定财产权利套餐种类的权利。这样做是为了确保所有权结构与一个自由而民主社会的制度框架相吻合，与人人享有平等的关心和尊重的准则相吻合。

财产不仅是个人权利，也是一种社会和经济制度。如果对财产权利不加限制，我们制定出的权利套餐可能违背支撑我们生活方式的准则。我们已经取缔了封建制度、奴隶制度、丈夫对妻子财产的掌控权、种族隔离、宗教作为政府和法律的基础具有权威地位、经济垄断等。

传统的关于财产的普通法规定和法定法规,共同确保财产权利的构建
方式能促进广泛的财产所有权,以及人身自由、隐私、结社自由及平等
的准则。财产法注重财产权利的行使效果以及财产权利本身的建构。
事实上,财产法的核心原则力图确保我们的市场体系提供广泛机遇、
阻止伤害,并尊重所有市场参与者的利益。

指导市场体系的所有这些领域的基本法律,包括侵权法、合同法和
财产法,其建立的基础是:我们有义务关注自己的行为对他人产生的影
响;这种有义务的关注不仅适用于陌生人的利益,而且适用于那些和我
们形成持续的市场关系的人,以及与我们建立信任关系的人。这些义务
不仅是道德要求,我们也通过普通法来执行这些义务。因为我们制定了
市场游戏规则来确立和保护正当预期,并确保个人的自由与所有人的自
由并存不悖,所以市场和财产权利才得以运行。

## 九、银行如何损害财产所有权

次级贷款的崩盘再次让我们引以为戒:我们需要消费者保护法来免
于遭受欺骗性抵押贷款操作引发的难以承受的债务责任。次贷危机还
教育我们:要想让私有财产制度发挥作用,我们需要制定法律来确保财
产所有权明晰而公开。

法律寻求通过确保住房消费者有明晰的财产所有权来保护他们的
利益。如果不知道财产的主人是谁,该财产既不能被使用也不能被出
售。为确保财产所有权明晰,法律要求用书面形式记录财产交易,并
鼓励将交易文案归藏在相关政府机构,作为公开记录,以备查询。记
录的信息包括谁拥有那块土地,该土地是否被抵押、被长期租赁或受
留置权限制等。

自 17 世纪以来,美国就设有运行良好的所有权登记制度。1677
年,英国通过第一部防止欺诈法,法令中就明文规定财产交易只能以

书面形式作为凭据。马萨诸塞联邦的米德尔塞克思郡于 1636 年设置了契约登记处（Registry of Deeds），允许业主登记契约和抵押贷款信息以备公众查询。① 此类登记制度一方面保护房主权利——保障房主使用和出售自己的财产而不受干扰，另一方面保障房屋的购买和销售——买房者会放心购买，相信购买的正是他想要的，而不会出现事后惊讶地发现另有端倪的现象。

令人大跌眼镜的是，在过去的 15 年中，银行没有对按揭转让进行明晰的记录，极大地损害了这种登记制度。此外，银行将抵押登记系统私有化了，抵押记录不再对公众开放。② 银行避开的正式手续和对外公开的规定不是原始社会的陈年遗迹，而是我们财产制度的基础，只有在万不得已的情况下，如为避免系统性风险或重大不公时，才可以绕开。③

财产交易的登记通常不是使所有权转让生效或赋予财产抵押权的必备条件。只有合法生成的地契或抵押贷款才使财产权利转让生效。后续的抵押贷款的销售和转让也是如此。但是，记录制度的规则激发出强烈的记录不动产权益的动机，因为这样做可以保护买方避免遭受虚假或重复的转让，或被隐瞒了房屋附加的他项权利。出于同样的原因，对

---

① 克里斯托弗 · 皮特森：《止赎、次级抵押放贷与抵押贷款电子注册系统》（Christopher L. Peterson, *Foreclosure, Subprime Mortgage Lending, and the Mortgage Electronic Registration System*, 78 U. Cin. L. Rev. 1359,1364,2010）。

② 约瑟夫 · 威廉 · 辛格：《止赎和手续不当或次贷困境及对策》（Joseph William Singer, *Foreclosure and the Failures of Formality, Or Subprime Mortgage Conundrums and How to Fix Them*, 46 Conn. L. Rev. 497,2013）。

③ 克里斯 · 伊西多尔：《美国银行涉嫌抵押贷款欺诈》；杰西卡 · 西尔弗 · 格林伯格：《两家银行以 4.17 亿美元和解》；杰西卡 · 西尔弗 · 格林伯格：《银行面临新的抵押证券诉讼浪潮》（Chris Isidore, *Bank of America Sued for Alleged Mortgage Fraud*, @ CNNMoney, Oct. 24, 2012, http://money. cnn. com/2012/10/24/news/ companies/bank-of-america-lawsuit/ index. html; Jessica Silver-Greenberg, 2 *Banks to Settle Case for $ 417 Million*, N. Y. Times, Nov. 16, 2012; Jessica Silver-Greenberg, *Banks Face Wave of New Mortgage-Securities Suits*, Boston Globe, Dec. 10, 2012）。

抵押贷款通常都进行记录。

但是，抵押转让是特别的案例。抵押是财产中的一种物权担保，确保债务可以偿还，这种债务是以书面票据的形式存在。《美国统一商法典》(Uniform Commercial Code)的第三条流通票据法对大多数但不是所有的抵押票据进行了规范。抵押票据可以转让，其转让的方式如同支票权利的转让。某人可以通过签字对票据进行背书将其转让给受让人，或者在空白处背书，之后再填上受让人的名字。再或者，某人不用背书也可以转让票据，只需提供独立证据证明受让人获得执行票据的权利。如果票据执行权获得转让，受让人可能也希望能够通过抵押止赎程序来履行职责。通常，无论谁拥有票据权，谁就同时拥有执行抵押票据的方法（就是止赎）。[1]　如果交易方足够谨慎，就会在对票据背书、转让之际，拟定并记录抵押转让书。但是银行不够谨慎。

尽管契约记录的动力足够强，但是抵押转让记录的动力在许多州并不那么强。[2]这是因为，在这些州，票据持有人（或者说能证明自己拥有票据执行权的人）即使不提供书面抵押转让书，也有止赎权。在次贷市场，有无数抵押转让事件发生。假如银行能预见到几百万次的止赎会发生，他们应该也会预测到法院会让试图止赎的银行出示相关证明。假如能预测到这一点，银行就会妥善保存抵押转让记录和票据，或委托给管理人以确保轻松无误地在需要时能拿到票据，就会正确、完整地对票据进行背书，并对抵押转让进行记录，这种方式让房主能判断当下谁持有抵押权及票据，便于在违约的情况下促进协商。但银行没有预见到这一切。

为减少抵押贷款证券化所带来的花费，银行发明了抵押贷款电子注

---

[1][2] 戴尔·A. 怀特曼：《对国家抵押登记系统的提议：抵押贷款电子注册系统正合适》(Dale A. Whitman, *A Proposal for a National Mortgage Registry*：*MERS Done Right*, 78 Mo. L. Rev. 1, 2012)。

册系统（MERS，the Mortgage Electronic Registration Systems）。① 拥有该系统的企业，有意代替发放抵押贷款的银行以及该银行将抵押贷款让予的其他银行；抵押贷款电子注册系统允许银行在每次抵押贷款转让发生时不用记录抵押转让。在过去，如果你向美国银行借款买房，你要在票据上签名，这张注明贷款金额和偿还期限的票据，构成你和银行之间的契约。你也可以通过财产抵押向银行借款，如果你拖欠抵押贷款，贷款方可以通过司法或非司法诉讼取消该财产的赎回权。这份抵押文书会指定美国银行为抵押权人，这也会被记录在册。如果美国银行将抵押贷款权转让给另一家银行，仍然要拟定、签署并记录一个书面的抵押转让合同，同时要对票据背书（签章），然后呈交给新的抵押贷款持有方。虽然抵押转让记录不是强制要求的，但是建议这样做，目的是防范欺诈性转让，同时确保公众能知晓该土地的他项权利。

抵押贷款电子注册系统没有这样做，而是允许最初的抵押贷款以系统而非银行的名义登记。如果你去契约公共登记处查看该财产是否受留置权或他项权利限制，你看到的将只是业主已将抵押贷款授予美国银行（最初的贷款方）的"被任命人"——抵押贷款电子注册系统。理论上来讲，该注册系统会维护一个电子数据库，数据库会把美国银行列为该财产的真正抵押权人；同时会列出被美国银行聘用的贷款服务机构的名称，这个服务机构替银行向业主收取还款。

当美国银行将票据和抵押贷款转让给第二家银行，比方说剑桥信托（Cambridge Trust），理论上，剑桥信托会通知该注册系统，然后系统会登

---

① 抵押贷款电子注册系统（Mortgage Electronic Registration Systems，Inc.，www. mersinc. Org）；诺兰·罗宾逊《反对允许抵押贷款电子登记系统实施止赎诉讼的案例》（Nolan Robinson，*The Case Against Allowing Mortgage Electronic Registrations Systems*，*Inc.* 〔*MERS*〕*to Initiate Foreclosure Proceedings*，32 Cardozo L. Rev. 1621，1621—1623,2011)（解释抵押贷款电子注册系统的建立）；艾伦·M. 怀特：《失去书面记录——抵押转让、票据转让和消费者保护》（ Alan M. White，*Losing the Paper—Mortgage Assignments*，*Note Transfers and Consumer Protection*，24 Loy. Consumer L. Rev. 468，486,2012)（解释抵押贷款电子注册系统的运作）。

记更改该财产的抵押权人名称。而契约公共登记处无须做出任何变动；因为电子注册系统作为真正业主的"被任命人"持有抵押贷款权后，无须再作任何新的登记了。但是电子注册系统还自相矛盾地声称它既是抵押权人，同时又仅仅是"被任命人"。[1] 该系统有效地创建了一个全国抵押贷款电子注册系统，银行认为使用这种办法，既遵守了各州的登记法案，又避免了相关费用和复杂程序。

但是抵押贷款电子注册系统在多方面都失败了。[2] 银行在证明文件中授予电子注册系统不一致的地位，试图在转让交易中也分得一杯羹。文件中声明该电子注册系统既是"抵押权人"，也是真正的抵押权人的"被任命人"，就是说，银行发放贷款，收取财产物权担保（留置权）以确保贷款按期偿还。这就好比说自己既是父母也是孩子，既是丈夫也是妻子，既是雇主也是员工，既是房东也是租户。一份合约关系要求有两方，一个人不能与自己签约。抵押权人是抵押贷款的"所有者"，是被赋予财产抵押权的一方；被任命人是抵押权人的代理人，被授权行使抵押权人的职责。一个人不能既是当事人又是代理人。如果该电子系统是贷款方的代理（被任命人），就不可能是贷款方；如果它是贷款方（受托人），就不可能是代理（被任命人）。

---

[1] 参见达斯汀·A. 扎克斯：《站在我们自己的阳光下：反思止赎的立足点、透明度和准确性》（Dustin A. Zacks, *Standing in Our Own Sunshine：Reconsidering Standing，Transparency，and Accuracy in Foreclosures*，29 Quinnipiac L. Rev. 551，559—585，2011）（分析关于抵押贷款电子注册系统在贷款交易中角色的冲突理论）。同时参见克里斯托弗·皮特森《两副面孔：揭开抵押贷款电子登记系统的地契理论的神秘面纱》（Christopher L. Peterson, *Two Faces：Demystifying the Mortgage Electronic Registration System's Land Title Theory*，53 Wm. & Mary L. Rev. 111，118—125，2011）（对前后矛盾的主张引发的问题进行解释）。也参考诺兰·罗宾逊《反对允许抵押贷款电子登记系统实施止赎诉讼的案例》（*See also Nolan Robinson, The Case Against Allowing Mortgage Electronic Registrations Systems，Inc.〔MERS〕to Initiate Foreclosure Proceedings*，32 Cardozo L. Rev. 1621，1645，2011）（"从法律角度看，电子抵押贷款注册系统不能同时是委托人又是代理人"）。

[2] 参见戴维德·沃克斯：《抵押贷款电子注册悬疑：究竟发生了什么》（David Waks, *Mortgage Electronic Registration Suspense：What's Happening*，Feb. 1，2011，http://ssrn.com/abstract＝2197135）（详细论述抵押贷款注册系统引发的大量止赎问题）。

因为抵押贷款电子注册系统对自己的称呼自相矛盾，它的证明文件必定会让法院费解，法院后来被要求在止赎诉讼中解读这些文件。财产法规对权利套餐进行规范，以便我们在购买或租赁时了解我们能获得哪些权利。抵押贷款法通过以下方式保护银行的权利：如果业主/借款人对抵押贷款违约，银行有权取消该抵押财产的赎回权，即止赎，并通过止赎的销售收入来收回未清偿贷款余款。同时，抵押贷款法通过以下方式保护借款人：确保抵押财产中还款后的溢出部分仍归借款人所有，不得被银行侵占。该电子注册系统要发挥作用，就要清晰地界定谁有权止赎、谁有权获得偿还贷款后的溢出部分。

因为电子注册系统的文件提示它既是贷款所有权者，同时又仅是真正的放贷方的代理，法院费尽周折要搞清楚各方到底拥有哪些权利。如果该系统是抵押权人，它应该无须征得任何人的同意而能够对抵押财产进行转让，但是若仅仅是当前抵押权人的代理，没有委托人（当前抵押权人）的允许，则无权这样做。文件原意是要授权给抵押贷款电子注册系统代表真正的当前抵押权人来实施止赎的权利，但是表述不当。合约中令人费解的陈述致使银行被动接受各个法院对各方权利的不同诠释。有些法院认为该系统不能既是抵押权人也是抵押权人的被任命人，因而拒绝赋予该系统止赎权，并要求真正的抵押权人出示源自原始贷款方的抵押转让链。[①] 当试图止赎的银行拿不出材料证明他们如何获得抵押贷

[①] 拉塞尔银行国民协会诉拉米案（LaSalle Bank Natl. Ass'n v. Lamy，824 . Y. . 2d 769，2006 WL 2251721，at *1〔N. Y. Sup. Ct. 2006〕）（只有票据和抵押贷款所有人在止赎伊始可以适当检控上述事实）；贝恩公司诉大都会抵押贷款集团公司案（Bain v. Metropolitan Mortgage Group, Inc.，285 P. 3d 34，36—37〔Wash. 2012〕）（因为抵押贷款电子注册系统不持有票据，它既不能提起非司法止赎诉讼，也不能将票据权利转让给能提起诉讼的信托公司）。参见，抵押贷款电子注册系统诉西南阿肯色之家案（Mortgage Electronic Registration System, Inc.〔MERS〕v. Sw. Homes of Ark.，301 S. W. 3d 1，3—5〔Ark. 2009〕）；（抵押贷款电子注册系统无权参与止赎权诉讼，因为它不享有财产权利，只有在委托人授权下才能作为一个代理机构行事）；联邦家庭贷款抵押公司诉施瓦兹沃尔德案（Fed. Home Loan Mortgage Corp. v. Schwartzwald，979 N. E. 2d 1214〔Ohio 2012〕）（只有止赎当时的票据受益人才能提起止赎权诉讼）。

款所有权时,内部表述不一致的契约协议就损害了银行利益,法院拒绝承认它们对该财产的权利,而不是给予它们所寻求的灵活性。

银行显然没有认真研究各州的财产法。银行运作的背景是国内或国际证券市场,因此并未关注财产法是州法律这一事实。每个州都有"统一商法典"来规范可转让票据,许多法院据此来解读诸多的住房贷款票据。每个州都有法令,将不动产所有权和抵押贷款的记录考虑在内并进行监管。各州都有法令来规范止赎程序。各州的法律不是统一的。① 也许有可能建立一个符合各州规定的统一商业模式,而银行建立的抵押贷款电子注册系统显然以为大功告成了。但回顾一下,就会发现银行显然没有理解或研究各州止赎法的复杂性。止赎诉讼现在暴露出,银行操作所实施的抵押贷款电子注册系统往往不符合多个州的法律要求。②

抵押贷款电子注册系统让银行洋洋自得。他们认为,如果他们不得不止赎的话,那么该系统可以自行启动止赎诉讼,或者系统可以再将从之前的转让交易中获得的抵押贷款权转让给银行,然后当事人(或贷款服务机构)就可以行使止赎权。这些银行没有想到,要想止赎,必须要出示抵押转让链来证明所有权如何从首位抵押权人转让到当前抵押权人。银行也没有审慎地对待相关票据的背书和保存,以确保止赎时可以随时出示。此外,银行证券化和转让的抵押贷款如此之多,导致记录维护难

---

① 参见安德拉·根特:《从历史角度看美国抵押贷款法》(Andra Ghent, *America's Mortgage Laws in Historical Perspective*, Oct. 24, 2012, available at SSRN: http://ssrn. com/abstract=2166656)(详述各州法律之间区别)。

② 参见美国银行协会诉伊巴涅斯案(U. S. Bank Nat'l Ass'n v. Ibanez, 941 N. E. 2d 40, Mass. 2011)(若银行无法证明抵押贷款明确产权链,则止赎不当);蒙哥马利县诉抵押贷款电子注册公司案(Montgomery Cty. v. MERSCORP, Inc., 2012 WL 5199361, E. D. Pa. 2012)(抵押贷款电子注册公司产权制度违反宾夕法尼亚州记录律例);格雷琴·摩根森:《止赎欺诈案件的认罪答辩》(Gretchen Morgenson, *Guilty Pleas in Foreclosure Fraud Cases*, N. Y. Times, Nov 21, 2012)(止赎处理公司创始人服罪,其被指控欺诈、涉嫌准备虚假文件以驱逐陷入困境的借款人)。

免出现差错。有些记录不完整,另一些不准确。[①] 他们没有仔细记录所有的抵押转让合同,而且弄丢或错放了一些票据。他们过分依赖抵押贷款电子注册系统。之前,法院一直非常关照银行。大多数房主从来没有对止赎提出过异议,因为他们确实违约了,没能及时还款,借款人和法院之前都没有理由怀疑银行进行止赎的权利。

次贷危机改变了这一切。当人们不再有能力支付可调整利率引发的更高贷款利率时,抵押贷款和房地产泡沫破灭,再融资变成不可能,违约数量迅速飙升,止赎紧随其后。首先,房主/借款人开始质疑提起止赎以收回贷款的银行是否有权这么做。不动产法的一项既定原则是,一位安分守己的财产占有者,除非有人能证明他们更有资格拥有该财产所有权,否则可以继续占有财产。但是,当抵押贷款电子注册系统提起止赎诉讼时,房主的律师们开始注意到该系统自我声称的地位自相矛盾。抵押贷款文件表明,该系统既是抵押权人,也是抵押权人的被任命人。这种财产权利既令人费解,也自相矛盾,不被法院认可。因此,法院还肩负起鉴定电子注册系统的角色一职。

大多数法院认识到,即使原始的抵押贷款协议表明它是抵押权人,抵押贷款电子注册系统实际上也不是抵押权人。鉴于该文件同时表明它是首个贷款方的"被任命人",法院将电子注册系统诠释为单纯的真正抵押权人的代理人。但是代理人的权力不能超出委托人的权力。电子注册系统要想止赎,就必须证明它是真正的抵押权人的代理人。[②] 但是,

---

① 约舒亚·J.卡德:《购房者注意:抵押贷款电子注册系统与后续购买者保护法》(Joshua J. Card, *Homebuyer Beware: MERS and the Law of Subsequent Purchasers*, 77 Brook. L. Rev. 1163, 1634, 2012)。

② 贝恩公司诉大都会抵押贷款集团公司案(Bain v. Metropolitan Mortgage Group, Inc., 285 P. 3d 34, 46, Wash. 2012)(抵押贷款电子注册系统没有提供任何权威证据显示贷方指定电子系统作为被任命人,继而又与后续的票据持有人建立代理关系。电子系统未能确定真正有控制权并对其行为负责的实体。它还不能证明自己是某个合法委托人的代理)。

该如何证明？它将不得不出示从原始抵押权人到当前抵押权人转让过程中的抵押贷款所有权转让链，或者出示票据。由于其记录不清楚或不完整，电子注册系统并不总能证明它曾是试图止赎的某个银行的代理人，而那个银行也不是原始贷款方，这种情况经常存在。[①] 由于电子注册系统并没有被指定为合同文件的保管人，因此它也不持有票据。此外，就像公共登记系统，它所收录的信息只如实反映接收的信息，不能甄别好坏。如果银行没有告知系统之后的抵押转让信息，系统记录就不准确或缺失。事实上，这种情况在许多诉讼中发生过。

许多州已经批准抵押贷款电子注册系统以自己的名义提起止赎诉讼。[②] 他们认为该系统有利于房地产市场，并认为房主已经认同电子注册系统作为真实抵押权人的代理人，并不介意谁是真正的抵押权人。因此，如果有房主不认可，许多州则顺势把举证责任转移到该房主身上，让房主证明抵押贷款电子注册系统不能代表真正的利益方。但是，其他法

---

[①] 见约舒亚·J.卡德：《购房者注意：抵押贷款电子注册系统与后续购买者保护法》(Joshua J. Card, *Homebuyer Beware*：*MERS and the Law of Subsequent Purchasers*, 77 Brook. L. Rev. 1163，1662—1663,2012)(法院需承认抵押贷款电子注册公司为当前承押人的代理人)；达斯汀·A.扎克斯：《抵押贷款电子注册系统死了：永垂不朽》(Dustin A. Zacks, *MERS Is Dead*：*Long Live MERS*,44 CONNtemplations 62，＊68,2012)(认为多数法院将电子抵押系统视为抵押权人和/或票据持有人的代理，或相当于具有同等地位、有权代表利益相关方)。

[②] 《明尼苏达州法令》(Minn. Stat. § 507.413)；戈麦斯诉全国住房贷款公司案(Gomes v. Countrywide Home Loans Inc., 121 Cal. Rptr. 3d 819，826—827,2011)(如果有信托契约，抵押贷款电子注册系统可以行使非司法止赎)。抵押贷款电子注册系统诉雷沃雷多案(Mortgage Electronic Registration Systems, Inc. v. Revoredo, 955 So. 2d 33, 34 〔Fla. Dist. Ct. App. 2007〕)(作为票据持有人的代理，抵押贷款电子注册系统可以止赎)。住房融资公司诉萨鲁曼一案(Residential Funding Co., LLC v. Saurman, 805. W. 2d 183 〔Mich. 2011〕)(抵押贷款电子注册系统有充足的债权利益来提起止赎诉讼)。杰克逊诉抵押贷款电子注册系统案(Jackson v. Mortgage Electronic Registration Systems, Inc., 770 N. W. 2d 487，494—495，501 〔Minn. 2009〕)；(明尼苏达州法令 507.413 章节规定：允许抵押贷款电子注册系统提起止赎诉讼)。参见库哈尼诉北极光贷款服务公司案(Culhane v. Aurora Loan Servs. of Neb., 708 F. 3d 282 〔1st Cir. 2013〕)(抵押贷款电子贷款注册系统享有合法的抵押权利，允许它将抵押贷款转让给抵押贷款持有人或拥有止赎权的银行来确保潜在债务的安全性)。

院以该系统没有财产所有权或不涉及利害关系等为由，拒绝该系统提起止赎诉讼。①

如果你打算把别人赶出家门，你必须证明你拥有更正当的财产权利这么做。但抵押贷款电子注册系统没有任何财产权利；它既不拥有抵押权，也无权执行相关票据，也不是发放贷款人。法院认为，电子注册系统不能同时作为抵押权人和抵押权人的被任命人，他们最后认定系统只能作为被任命人。由于电子注册系统不是抵押权人，除非电子注册系统担任某一委托人的代理人，否则无权将抵押权转让给抵押权实际所有者来进行止赎。② 如果电子注册系统担任实际抵押权人的代理人（被任命人），就必须有明确记录显示委托人是谁，否则就不能以代理人身份服务。③ 鉴于同样的原因，有些法院拒绝抵押贷款服务机构提起止赎，除非他们能够出示抵押贷款转让链来证明他们作为抵押权人的代理有权这

① 拉塞尔银行国民协会诉拉米案(LaSalle Bank Natl. Ass'n v. Lamy，824 . Y. . 2d 769，2006 WL 2251721，at ＊1〔N. Y. Sup. Ct. 2006〕)(只有票据和抵押贷款所有人在止赎伊始可以适当检控上述事实)；贝恩公司诉大都会抵押贷款集团公司案(Bain v. Metropolitan Mortgage Group, Inc. ，285 P. 3d 34，36—37〔Wash. 2012〕)(因为抵押贷款电子注册系统不持有票据，它既不能提起非司法止赎诉讼，也不能将票据权利转让给能提起诉讼的信托公司)。参见，抵押贷款电子注册系统诉西南阿肯色之家案(Mortgage Electronic Registration System, Inc.〔MERS〕 v. Sw. Homes of Ark. ，301 S. W. 3d 1，3—5〔Ark. 2009〕)；(抵押贷款电子注册系统无权参与止赎权诉讼，因为它不享有财产权利，只有在委托人授权下才能作为一个代理机构行事)；联邦家庭贷款抵押公司诉施瓦兹沃尔德案(Fed. Home Loan Mortgage Corp. v. Schwartzwald, 979 N. E. 2d 1214〔Ohio 2012〕)(只有止赎当时的票据受益人才能提起止赎权诉讼)。

② 纽约银行诉西尔弗伯格案(Bank of N. Y. v. Silverberg, 926 N. Y. S. 2d 532，538—539〔App. Div. 2011〕)；拉塞尔银行国民协会诉拉米案(LaSalle Bank Nat'l Ass'n v. Lamy，2006 WL 2251721，at ＊1—＊3〔N. Y. Sup. Ct. 2006〕)。但参见有关雷尔卡案(In re Relka，2009 WL 5149262，at ＊3〔Bankr. D. Wyo. 2009〕)(电子按揭贷款注册系统有权转让钞票和抵押贷款)。

③ 纽约银行诉奥德拉齐案(Bank of N. Y. v. Alderazi, 900 N. Y. S. 2d 821，824〔Sup. Ct. 2010〕)("声称自己为代理人的一方负有证明该代理关系的责任")。关于当委托人不明时、判断谁是委托人的难度，参见贝恩公司诉大都会抵押贷款集团公司案(Bain v. Metropolitan Mortgage Group, Inc. ，285 P. 3d 34，47—49〔Wash. 2012〕)。

样做。① 即使这些服务机构是某个委托人的代理，除非它们能证明委托人享有抵押贷款所有权，否则如同电子注册系统一样，也不被授予相关权利。②

这使得当前抵押权人不得不自己提起止赎诉讼。但是，在司法止赎情况下，有些法院在止赎诉讼开始时坚持要求抵押权人出具拥有财产权利的证明。由于记录维护不当，以及对抵押贷款电子注册系统的过分依赖，有些银行无法出具证明。③ 在非司法止赎案件中，银行可以行使止赎；通常情况下，银行会在止赎出售时将该抵押财产买下来。此时，所有权从抵押人或契据的信托所有人转移到止赎的购买者（通常为持有该抵押权的银行）那里。然后，新的业主将试图驱逐不再拥有所有权的房主。

---

① 有关梅塞尔，引自有关帕里什案件(In re Maisel, 378 B. R. 19, 22〔Bankr. D. Mass. 2007〕, quoting In re Parrish, 326 B. R. 708, 720〔Bankr. N. D. Ohio 2005〕)（代理人不能执行止赎权，除非代理人能证明代理关系，并显示抵押转让链来证明委托人有权止赎）。

② 诺兰·罗宾逊《反对允许抵押贷款电子登记系统实施止赎诉讼的案例》(Nolan Robinson, *The Case Against Allowing Mortgage Electronic Registrations Systems, Inc.〔MERS〕to Initiate Foreclosure Proceedings*, 32 Cardozo L. Rev. 1621, 1644〔2011〕)（"代理人不得增加或者减少委托人的合法权利"）。

③ 例如，参见有关止赎案件(In re Foreclosure Cases, 521 F. Supp. 2d 650〔S. . Ohio 2007〕)（在没有适当背书票据的情况下，无权止赎）；金尼尔吉诉美国银行协会案(Gee v. U. S. Bank N. A., 72 So. 3d 211, 213—214〔Fla. Dist. Ct. App. 2011〕)（若抵押贷款的受让人无法具体阐述前任所有权人如何成为抵押贷款利益的继任者，则无法行使止赎权）；德意志银行国家信托诉米切尔案(Deutsche Bank Natl. Trust v. Mitchell, 27 A. 3d 1229〔N. J. Super. Ct. App. Div. 2011〕〔same〕)。艾伦·M. 怀特：《失去书面记录——抵押转让、票据转让和消费者保护》(Alan M. White, *Losing the Paper—Mortgage Assignments, Note Transfers and Consumer Protection*, 24 Loy. Consumer L. Rev. 468, 474—477, 2012)（草率处理票据的做法十分普遍，使得放款人很难出示具有合理背书的票据来证明他们有权止赎）；同上，第495页（指出"抵押贷款电子注册系统记录普遍有失精准"）。也参见布拉德利·T. 博登、戴维·J. 赖斯 & 基奥普尼·阿基纳：《请向我出示票据！》(Bradley T. Borden, David J. Reiss, & KeAupuni Akina, *Show Me the Note*! 19 Westlaw J. Bank & Lender Liability 1〔June 3, 2013〕)（讨论了各州法院关于行使止赎的一方不能出示抵押所依据的票据时，对是否赋予其止赎权作出了不同裁定）。

然而,在这种情况下,有些法院再次对整个事件叫停。①

如果止赎不是由拥有实际抵押权的实体进行的,那么该实体没有止赎权。你可以对自己拥有的抵押贷款进行止赎,但不能止赎其他人的。假如我给你帝国大厦的地契,你就从我这里得到出售的权利——仅此而已,因为我并没有帝国大厦的所有权。不动产法的一个主体部分规定,如果没有一个相反的法规(例如记录法),你不能转让超出你实际拥有的东西。因此,如果止赎的银行并不拥有抵押权,那么它不能止赎,当然也不能将所有权转让给自己——作为止赎购买者。由于银行没有获得所有权,现在也无权驱逐房主,因为它不能证明自己比当下安分守法占有财产的房主更有资格拥有财产。

## 十、解决止赎困境的可能方案

现在该怎么做? 法院可以严格执行反欺诈法,法院认为如果各银行不能出示明细的抵押转让链、拿出背书票据或证明被赋予执行票据的权利,就不能止赎,因而可能丧失对所有这些财产的利益。这个解决方案是否可行? 其中一个问题是,这会使银行无法证明其所有权的抵押贷款的市值降低为零。这反过来又会减少银行持有的资本,并迫使银行通过其他手段来替换这笔资本,以满足银行手头必须持有一定现金的法规要求。如果银行无法补上这笔资金,就有可能面临破产。如果众多银行面临同样的问题,而且其中许多银行破产了,那么除非我们对银行实施第二次救助,否则经济将陷入第二次重大衰退。

可能出现的第二大重要问题是,抵押权人可能会失去抵押权益,但这

---

① 贝维拉卡诉罗德里格斯案(Bevilacqua v. Rodriguez, 955 N. E. 2d 884, 893—897, Mass. 2011)(倘若止赎方无法证明其有止赎权,则裁定非司法止赎无效,那么止赎销售的买方也无法将所有权有效转让至第三方);美国银行国家协会诉伊巴涅斯案(U. S. Bank Nat'l Ass'n v. Ibanez, 941 N. E. 2d 40, 49—51, Mass. 2011)(除非止赎方在止赎前证明其持有所有权,否则止赎无效;导致后来买家无法证明其获得了有效所有权,进而提出不利于当前财产占有人的充分权利)。

并不一定就是说所有权归借款人/抵押人。在电子注册系统的名册里,电子注册系统的名义下仍有一笔未清偿的抵押贷款。这表明该财产仍因抵押关系而受他项权利限制。仅仅因为当前的抵押权人无法证明他拥有所有权,并不意味着先前的抵押权人不能出示完整的所有权变更材料。

这一切的后果是,该财产所有权问题迷雾重重。该财产看似在电子注册系统的名下被抵押,但电子注册系统不能是抵押权人,因此无法确认该财产的他项权利。[1] 由于银行并未严格遵守反欺诈法,也未遵循记录法的惯例操作,加上银行经常对票据背书不规范,或者票据持有者可能没有被赋予执行票据的权利,所以,即使某位抵押权人在某一刻主动声称自己拥有票据并且通过完整的所有权链获得抵押权,此时仍然无法判断该财产是否存在他项权利。即便我们支付了"确定产权诉讼"(quiet title suit)费或强化产权保险费,我们仍然很难拿到所有权,这会使得该财产无法进入交易市场。[2]

有人会说,对整个问题的描述过分夸张,认为只要让电子注册系统(或任何宣称自己拥有抵押权的银行)去止赎,然后让银行间去争夺谁应拿到钱就可以了。问题是,这种解决方案有利于银行行使止赎权,却不利于房主行使权利——除非有人明确而毫无争议地证明他拥有所有权,否则房主有不被驱逐的权利。这个问题涉及准则取向,无论个人如何判断,我们都必须做出抉择:在类似的情况下,如何构建财产权利?"解除法规"、"让市场自由发展"不能作为选项,因为现在的问题是要甄选参与市场的游戏规则。是不是只要有人能证明某个房主未能如约偿还抵押

---

[1] 抵押贷款电子注册注册系统网站持矛盾观点:认为抵押贷款电子注册系统既是"原始抵押权人",又是"贷款所有人"及"抵押贷款人"的"代理人"。这种混乱的法律地位,导致法院对抵押贷款电子注册系统合法地位产生疑惑。参见 http://www.mersinc.org/about-us/faq。

[2] 大卫・E. 伍利、丽莎・D. 赫佐格《抵押贷款电子注册系统:丧失产权链对房地产业主的影响新探》(David E. Woolley & Lisa D. Herzog, MERS: *The Unreported Effects of Lost Chain of Title on Real Property Owners*, 8 Hastings Bus. L. J. 365, 367, 2012)(抵押贷款电子注册系统可能导致各种所有权无法进入市场交易)。

贷款,房主就要面临失去住房的风险?或者,除非另有他人出示更有效力的所有权证明,否则房主会被赋予和平占有房屋的权利?

如果银行不能止赎而房主所有权不明,我们还有一种方案,就是让房主和当前自称拥有抵押权的一方互相协商。抵押权人可能希望通过止赎或者重新协商抵押条款以解自己燃眉之急——从财产止赎中获得资金来满足资金要求,或减少财产投资造成的利益损失。另一方面,房主也需要明确产权,这样他就可以出售房产或重新贷款并修复信用等级。鉴于双方都有意愿明确产权,协商的动机就有了。

但是,双方的协商也有可能因为以下种种原因而失败:双方互不信任;双方都气急败坏;各方都高估对方的保留价格。此外,如果一个信托基金持有该抵押贷款,并将之作为证券的一部分,那么该信托基金将受制于合同限制、无法对抵押贷款事宜进行再协商,而且该证券成千上万的投资人也无法互相联系,更谈不上达成一致行动。[①] 再者,即使当前抵押权人和抵押人达成协议,也不能改变以下事实:依据法律,双方不得损害优先抵押权人对财产的任何存续利益。回想一下,如果我们严格执行反欺诈法并要求产权的利害关系(包括抵押转让合同)必须用书面形式呈现,那么如果当前抵押权人不能出具完整的抵押转让链,或者无法证明其拥有执行票据的权利,而州法律又坚持要求出示此类证据,当前抵押权人将什么也得不到。情况若果真如此,抵押贷款可能归属另一家银行,而房主也不能通过随口指认就与某家银行达成协议,进而从抵押贷款中解脱出来。总而言之,双方的协议不能排除优先抵押权人的利益。

对此,法院采取了迂回折中的方法,允许声称拥有止赎权的银行提交一份宣誓书,宣誓它就是当前该抵押贷款和票据的合法持有人,同时

---

① 罗伯特·C. 霍基特:《补西墙不拆东墙:几乎让人人受益的溺水抵押债务的征用权解决方案》(Robert C. Hockett, *Paying Paul and Robbing No One: An Eminent Domain Solution for Underwater Mortgage Debt That Can Benefit Literally Everyone*, Cornell Law School research paper No. 12—64, at 6—7, http://ssrn.com/abstract=2173358. 62)。

发布止赎通告以知会优先抵押权人，如果后者不出席法庭并维护对该财产的利益，将失去相关财产权益。但是有些银行，再一次为了节省成本，雇人每天签署几百份宣誓书，而且它们这样做也没经过任何实际调查。①这种"机器—签名"（robo-singing）在法庭上不仅是欺骗，也构成了伪证罪。要想这种方式能够运行，各银行必须对每一项抵押进行实际追踪调查，找到票据，然后依据证据解释为何认为自己拥有止赎权。但是，如果没有明确的所有权转让链，票据也遗失了，提供什么样的证据才足以证明呢？从定义上来说，我们处于当下境况正是因为书面系列证据被破坏或不完整。宣誓书构成宣誓证明，表明该银行认为它拥有相关权益，但是这必须由客观事实和证据来支撑。目前还不清楚各银行是否具备充足的能力在所有诉讼中都拿出证据，但是如果它们确实拿出可靠证据，我们批准银行通过宣誓书获得抵押权。请注意，我们通过放宽反欺诈法才得以解决这类所有权问题。我们原谅了银行未能遵从正规手续要求——即所有交易必须经由明晰的书面记录。我们选择原谅是因为严格执行手续规范会搅乱财产所有权而不是澄清所有权。

除了将书面的抵押转让合同作为止赎依据，另一种选择是依据票据。无论谁拥有票据（或拥有合同证明它是票据持有人的代理）都可以声称拥有抵押贷款的相关权利。在过去，"抵押贷款跟着票据走"。② 票据是首要法律义务，而抵押只是保护票据持有人的一种手段。同样在过去，当抵押贷款被转让给另一家银行时，应该对票据背书，并与抵押一同

---

① 艾伦·M. 怀特：《失去书面记录——抵押转让、票据转让和消费者保护》（Alan M. White, *Losing the Paper—Mortgage Assignments*, *Note Transfers and Consumer Protection*, 24 Loy. Consumer L. Rev. 468, 469—470, 2012）。

② 摩根大通家庭金融服务公司诉费奎尔案（Chase Home Finance, LLC v. Fequiere, 989 a. 2d 606, 611）（Conn. App. Ct. 2010）；艾伦·M. 怀特，《失去书面记录——抵押转让、票据转让和消费者保护》（Alan M. White, Losing the Paper—Mortgage Assignments, Note Transfers and Consumer Protection, 24 Loy. Consumer L. Rev. 468, 489, 2012）；《第三次财产法（抵押贷款）重述》（Restatement〔Third〕of Property〔Mortgages〕§ 5.4〔c〕）（"有权执行抵押担保义务的人或其指定代表才能执行抵押权。"）

转让。但是如果这一切没有发生怎么办？在次贷市场，这种现象并不罕见。有些法院认为抵押贷款和票据不可能被不同方拥有。① 可要是真被不同方拥有会怎样？大多数法院认为票据持有者的权利是首要的，而抵押贷款持有人持有的权利只是为票据持有人服务。② 有好几个法院认为，抵押贷款持有人拥有所有权，附带拥有票据执行权利，理由是：抵押转让的目的就是转让票据中包含的权利。③ 还有些州认为止赎方必须既要持有抵押贷款，又要持有票据，或者与票据持有人是代理关系。④ 有些州在次贷危机发生前有明确的规定，但其他州没有类似规定。⑤

---

① 萨克森抵押服务公司诉希勒里案（Saxon Mortgage Services, Inc. v. Hillery, 2008 WL 5170180, at ＊5, N. D. Cal. 2008）；引自卡彭特诉朗根案（quoting Carpenter v. Longan, 83 U. S.〔16 Wall.〕271, 274〔1872〕）。

② 摩根大通家庭金融服务公司诉费奎尔案（Chase Home Finance, LLC v. Fequiere, 989 a. 2d 606, 610—612）（Conn. App. Ct. 2010）（即使未受让抵押贷款，票据持有人也有止赎权）（applying Conn. Gen. Stat. §49—17）；抵押贷款电子注册系统诉柯克利案（Mortgage Electronic Registration Systems, Inc. v. Coakley, 838 N. Y. S. 2d 622, 623）（App. Div. 2007）；注意：一方可能作为另一方的代理为委托人服务而持有票据，因此具有有权执行票的当事人的地位，尽管原则上票据执行行为属于"拥有"该票据的委托人。美国银行住房贷款服务公司诉科尔尼克案（BAC Home Loans Servicing v. Kolenich, 2012 WL 5306059, 39）（Ohio Ct. App. 2012）（即使票据为另一方"拥有"，流通票据持有人也有止赎权）；约舒亚·J. 卡德：《购房者注意：抵押贷款电子注册系统与后续购买者保护法》（Joshua J. Card, *Homebuyer Beware: MERS and the Law of Subsequent Purchasers*, 77 Brook L. Rev. 1633, 1651, 2012）（纽约法律赋予票据持有人首要权利）。

③ 克拉姆诉拉塞尔银行代理人案（Crum v. LaSalle Bank, N. A, 55So. 3d266, 269）（Ala. Civ. App. 2009）；美国富国银行代理人诉马尔基奥内案（Wells Fargo Bank, N. A. v. Marchione, 69 A. D. 3d 204, 209, 887 N. Y. S. 2d 615）（App. Div. 2009）；美国富国银行代理人诉伯德案（Wells Fargo Bank, N. A. v. Byrd, 897 N. E. 2d 722 723）（Ohio Ct. App. 2008）。

④ 有关阿加德案（In re Agard, 444 B. R. 231, 254）（Bankr. E. D. N. Y. 2011）；伊顿诉联邦国民抵押协会案（Eaton v. Federal Nat'l Mortgage Ass'n, 969 N. E. 2d 1118, 1121）（Mass. 2012）。

⑤ 有关确定票据和抵押权之间复杂关系的问题，请参见亚当·列维京：《追踪书面记录：证券化、止赎与不明抵押贷款所有权》（Adam Levitin, *The Paper Chase: Securitization, Foreclosure, and the Uncertainty of Mortgage Title*, 63 Duke L. J. 637, 2013）（在第3篇和第9篇中介绍了其不确定性）；备注，《消费者保护法——抵押贷款止赎——马萨诸塞州最高法院一致宣布因证券信托公司无法证明清晰的产权链所以止赎销售无效——美国银行国家协会诉伊巴涅斯案》（*Consumer Law—Mortgage Foreclosure— Massachusetts Supreme Judicial Court Unanimously Voids Foreclosure Sales Because Securitization Trusts Could Not Demonstrate Clear Chains of Title—U. S. Bank Nat'l Ass'n v. Ibanez*, 941. E. 2d 40〔Mass. 2001〕, 125 Harv. L. Rev. 827, 831—833, 2011）。

银行假定法院会信任它们，认为当房主贷款违约时法院会允许它们止赎。但是因为银行发放了次级贷款，导致几百万次的止赎；又因为银行建立抵押贷款电子注册系统，与先前的操作有天壤之别，所以当银行依然设想法院会通过诠释州法律来使他们的协议生效时，实在冒着很大风险。银行在抵押转让的文件编制、票据保存方面，疏漏重重，都是过失。它们并没有预料到法院会要求它们遵守传统法令的正式手续要求并拿出烦琐的证据，也没想到法院会倾向于支持房主的利益而不是银行的利益。鉴于银行在抵押转让的文书编制、票据保管、转让方式等方面的过失以及"机器签名"丑闻，许多法官失去了对银行的信任。

过去，由于法院信任银行，所以老办法管用；而如今，信任一旦失去，我们就进退维谷。银行没有意识到，高效而运转良好的市场体系，无论是市场行为者、合同缔约方，还是市场行为者和包括法官在内的政府监管者之间，都是以信任为根基。现在，银行走捷径，而许多法官没有心情再放它们一马。更糟的是，很多州允许非司法止赎诉讼；与司法止赎相比，开销要小得多，但是更加依赖法院和执法者对银行合理履行权利的信任。既然这份信任已被撼动，继非司法止赎之后，驱逐诉讼案再起，这让银行通过非司法止赎节省下来的开销再次打了水漂。

令人瞠目的是，在过去的十年里，银行摧毁了已经运转好几百年的财产记录体系。[①] 令人不解的是，银行竟然做到了；悲摧的是，我们仍在为它们的无知买单。如今，困扰我们的问题还有很多，所有权之争悬而未决，诉讼案泛滥成灾，人们对财产权利缺乏安全感。这些都阻碍了土地的使用和转让。银行的操作违背了支撑私有财产法的核心

---

[①] 关于抵押贷款电子注册系统产生的各种所有权问题的详细解释，参见大卫·E. 伍利、丽莎·D. 赫佐格：《抵押贷款电子注册系统：丧失产权链对房地产业主的影响新探》(David E. Woolley & Lisa D. Herzog, *MERS: The Unreported Effects of Lost Chain of Title on Real Property Owners*, 8 Hastings Bus. L. J. 365, 367, 2012)。

准则。① 银行原以为可以绕开规则，甚至直接忽视规则来赚钱。我们之前有明确的规则，但被银行忽略了，可见明确的规则并不一定能保障明确的所有权或者可预测的结果。

这让我们面临一个悖论。如果对财产交易不作书面要求，那么财产权利就不明晰；总会有人说他们通过非正式协议或口头协议获得了权利，撒谎也很容易。但是即使我们严格执行书面要求，所有权归属还会出现疑团；由于没有遵从书面要求的案例如此之多，由于抵押贷款对银行资本结构和账本底线的重要性，严格执行书面要求要么会引发新一轮经济衰退，要么会引发大规模要求重新协商财产权利的诉讼案。严格执行的话，我们会遭到谴责，但不执行也会遭到谴责。如果我们没有正式的文本，则所有权权属不明；但是我们严格执行书面文本要求，所有权也不明。刻板的规则，包括指导规范手续的规则，也不一定能保障财产权利明晰，即使你试图逐字逐句地遵守。如果人们不遵守规则，规则也不会保障可预测性或明晰的财产权利，这比我们想象的更糟。

## 十一、为什么抵押贷款记录私有化会削弱财产权利

抵押贷款电子注册系统之所以失败，不仅因为它在记录保存上粗心大意，违背了某些州的不动产法，还因为它将贷款信息私有化。州记录法通常提倡但不强制要求对不动产权益进行记录才使之有效。有些州，如宾夕法尼亚州，不仅要求不动产权益有书面形式，还要记录下来才产

---

① 约瑟夫·威廉·辛格：《民主的地产：自由和民主社会中的财产法》(Joseph William Singer，*Democratic Estates：Property Law in a Free and Democratic Society*，94 Cornell L. Rev. 1009，1023，2009)（财产法的传统核心是促进让渡）；约瑟夫·威廉·辛格：《财产法中的理性原则》(Joseph William Singer，*The Rule of Reason in Property Law*，46 U. C. Davis L. Rev. 1369，2013)（财产法旨在促成明晰的所有权)。

生法律效用。① 大多数州指望抵押贷款发放人顾及自身利益，而对抵押贷款进行记录，以确保他们对财产利益享有优先权。这个记录系统不仅能明确记录产权所有者以及财产他项权利，而且将这些信息向大众开放。这意味着任何欲购置该财产或者发放抵押贷款的一方，能够判断谁是产权所有者以及该财产是否已受到置留权制约。将信息公之于众，能够促进土地让渡，从而服务财产法长期以来的目标。虽然抵押转让在次贷危机发生前并非总是登记在册，但是由于电子注册系统在抵押贷款系统中试图担任自相矛盾的角色，并引发抵押贷款信息的私有化，事情反而变得极度复杂。

抵押贷款电子注册系统的公开记录只显示系统自身的名称及原始贷款人名称，关于谁拥有特定的抵押贷款等信息并不对外公开，只储存在电子注册系统的私人电脑中。② 直到最近，电子注册系统都没有对有义务偿还抵押贷款的房主公开这些信息；电子注册系统所能告知的全部信息，只是替抵押权人收取贷款的贷款服务机构名称。③ 基于这一原因，

---

① 蒙哥马利县诉抵押贷款电子注册公司案（Montgomery Cty. v. MERSCORP, Inc., 2012 WL 5199361, E. D. Pa. 2012）（解读宾夕法尼亚州法律第21卷第351条，要求土地产权转让记录有效）。参见 PHH 抵押贷款服务公司诉佩雷拉案（Cf. PHH Mortg. Serv. Corp. v. Perreira，200 P. 3d 1180, 1186, Idaho 2008, interpreting Idaho Code § 45—1505）（受托人不得对信托契约实施止赎，除非信托契约及其所有转让均被记录在案）；胡克等人诉西北信托服务公司案（Hooker v. Northwest Trustee Services，2011 WL 2119103〔D. Or. 2011〕，interpreting Or. Rev. Stat. § 86.735）（除非所有的抵押转让都被记录在案，否则俄勒冈州不允许非司法止赎）。

② 抵押贷款电子注册系统网站上的言论有误导性，声称它并没有"隐藏抵押票据所有人"，因为所有电子注册系统的抵押贷款"都在公开土地记录中被记录"，同时承认电子注册系统的目的是使贷方无须记录抵押贷款。"因为抵押贷款注册系统是其成员的共同代理人，所以当本票（a promissory note）所有权或服务权在成员之间转让时，记录抵押转让是没有必要的。"（http://www.mersinc.org/about-us/faq）同时参考克里斯托弗·彼得森：《止赎权、次级抵押贷款和抵押电子注册系统》（Christopher L. Peterson, *Foreclosure, Subprime Mortgage Lending, and the Mortgage Electronic Registration System*，78 . Cin. L. Rev. 1359, 1400—1404, 2010）（提及抵押贷款电子注册系统对公开土地所有权记录的负面影响）。

③ 塔尼娅·马什：《止赎与美国所有权记录系统的失败》（Tanya Marsh, *Foreclosures and the Failure of the American Title Recording System*，111 Colum. L. Rev. Sidebar 19, 23, 2011）。

试图通过与抵押贷款受益方来协商避免止赎的房主，无论是通过搜寻公开记录还是咨询电子注册系统，都无法获知抵押权人究竟是何方神圣。[①]虽然电子注册系统对这一政策做出了局部改变，但是它并未将抵押所有权信息公之于众；它不会让陌生人知晓特定房地产抵押贷款所有人是谁。[②] 电子注册系统也不会透露产权转让链，不让土地潜在购买者判断出当前抵押贷款所有人是否有可能止赎。

这种新的财产所有权保密制度产生了什么影响？其一，如果电子注册系统不提供抵押贷款人信息，那么即使房主希望重新协商抵押贷款，也无法如愿。电子注册系统只提供贷款服务机构的名称，而贷款机构往往更希望止赎，而不是重新协商。[③] 因为依照贷款服务机构签订的合同，止赎往往能让服务机构获得更多利益，而且有时合同也禁止服务机构与房主重新协商抵押贷款。[④] 即便是电子注册系统改变了政策，无论是房主还是其他人，都无法确定该财产是否存在他项权利制约。由于电子注册系统和各大银行过去的业务操作方式存在诸多疏漏，无论是房主、潜在购买者、银行本身或是法院，都没有任何理由认同电子注册系统记录的完整性和准确性。既然他们无法信赖这些记录，他们就会寻找有关影

---

[①] 诺兰·罗宾逊：《反对允许抵押贷款电子登记系统实施止赎诉讼的案例》(Nolan Robinson，*The Case Against Allowing Mortgage Electronic Registrations Systems*，Inc.〔MERS〕to *Initiate Foreclosure Proceedings*，32 Cardozo L. Rev. 1621,1638,2011)。

[②] 塔尼娅·马什：《止赎与美国所有权记录系统的失败》(Tanya Marsh，*Foreclosures and the Failure of the American Title Recording System*，111 Colum. L. Rev. Sidebar 19，23，2011)。大众传媒诉美国银行案(Complaint，Comm. of Mass. v. Bank of America 150〔b〕，Civ. A. No. 11—4363,Dec. 1, 2011,http://www. mass. gov/ago/docs/press/ag-complaint-national-banks. pdf)。

[③] 亚当·列维京、塔拉·沃尼：《抵押贷款服务》(Adam J. Levitin & Tara Twomey，*Mortgage Servicing*，28 Yale J. on Regulation 1,2011)(分析服务商动机)。

[④] 凯瑟琳·C. 恩格尔、帕特丽夏·A. 麦考伊：《次贷病毒：不计后果的信贷、监管失败及后续措施》；艾伦·M. 怀特：《失去书面记录——抵押转让、票据转让和消费者保护》(Kathleen C. Engel & Patricia A. McCoy，The Subprime Virus：*Reckless Credit*，*Regulatory Failure*，and Next Steps，131，2011；131；Alan M. White，*Losing the Paper—Mortgage Assignments*，*Note Transfers and Consumer Protection*，24 Loy. Consumer L. Rev. 468，496,2012)。

响财产的实际交易链信息。但是,电子注册系统并未留存这一信息,因为交易双方均未提供。其二,它将电脑及电脑内的信息视作私人财产,它有权不对外公布。这一切所造成的后果就是破坏了公共记录系统。在美国,我们将不再拥有值得信赖的产权公开记录。

长久以来,产权专家认为,财产所有权如果不明晰,财产权利就不起作用。①。他们最近强调说,如果财产权利不公开,就无法奏效。亨利·史密斯先生在他有关财产权利的性质的著作中,强调了知晓"谁是财产守门人"的信息成本利益。② 对财产权利信息的私有化,要求我们信任电子注册系统能够精确判断当前的抵押权人是谁。但是我们没有理由信任电子注册系统,不仅是因为它的记录不对外公开,而且电子注册系统诱使银行认为没有必要保持完整而精确的抵押转让记录。

如果说契约自由在传统意义上是契约法体系的核心价值,同时也可以说,促进土地可让渡在传统意义上则是财产法体系的核心价值。③ 该政策赋予业主对其财产的强大支配权,并要求对谁拥有什么财产作出明确规定;这意味着要对外公开谁拥有土地以及土地的他项权利限制。热衷于赚钱的银行,已经打破了财产法所依赖的基本结构。银行认为法规是一种成本高昂的干预,阻碍了它们追求利润,却根本未能领会到那些法规对房地产市场的良好运作的必要性。

---

① 例如,参见亚伯拉罕·贝尔、吉迪恩·帕尔托莫夫斯基:《财产重新配置的三个维度》(Abraham Bell & Gideon Parchomovsky, *Reconfiguring Property in Three Dimensions*, 75 U. Chi. L. Rev. 1015, 1022, 2008);("如果对谁拥有土地、拥有什么土地以及土地所有者拥有什么权力没有清晰的概念,那么土地所有权将不复存在。");史蒂芬·J. 伊格尔:《私有财产、发展与自由:采纳自我建议》(Steven J. Eagle, *Private Property, Development and Freedom: On Taking Our Own Advice*, 59 SMU L. Rev. 345, 352, 2006)("如果个人要增加私人资产,就必须得到界定他们财产权利的法律支持。")。

② 亨利·E. 史密斯:《排斥与治理:描述财产权利的两种策略》;亨利·E. 史密斯:《财产和财产规则》(Henry E. Smith, *Exclusion v. Governance: Two Strategies for Delineating Property Rights*, 31 J. Legal Stud. 453, 2002; Henry E. Smith, Property and Property Rules, 79 NYU L. Rev. 1719, 1797, 2004)("财产规则具有信息优势")。

③ 亨利·E. 史密斯:《作为物法的财产》(Henry E. Smith, *Property as the Law of Things*, 125 Harv. L. Rev. 1691, 1691, 1698, 1700—1713, 2012)。

除非我们有清晰的、公开的财产所有权记录,否则产权体系无法运行。这些记录包括他项权利的所有书面记录,如地役权合同、协议、留置权、抵押单据和法院判决等。若财产所有权不明确,人们就不得使用或者开发该财产,如果不清楚该财产是否办理抵押贷款,或无从知晓抵押权人的身份,那该财产就不能进入市场交易。这一原则有许多值得一提的例外,但毕竟是例外。① 这些例外适用于界定清晰的场合,旨在保护合法预期。关于抵押贷款,了解是谁拥有财产、财产是否附带有效抵押贷款,不仅有利于财产让渡,也能够保护消费者的权益——使他们在发生违约时知道与谁进行谈判,并保护他们不被自称拥有土地所有权的人所驱逐。②

## 十二、重建清晰而公开的财产所有权

财产所有权必须足够明晰和公开,这是底线。要实现这些目标,方法多种多样。在一定程度上,若银行在记录抵押贷款交易时更加谨慎,财产权的明晰度问题在今后可能会有所改善。当银行无法证明自己具有止赎权,它们亲身经历了随之而来的系列问题。这不仅仅会影响他们行使自身权利的能力,而且还有可能影响银行的资本金需要量,并对银行的偿付能力构成风险。与此同时,各州应考虑采用密歇根州的方式来进行非司法止赎,要求证明"记录产权链……在销售日期之前……证实

---

① 约瑟夫·威廉·辛格:《财产法中的理性原则》(Joseph William Singer, *The Rule of Reason in Property Law*, 46 U. C. Davis L. Rev. 1369,2013)。

② 诺兰·罗宾逊:《反对允许抵押贷款电子登记系统实施止赎诉讼的案例》;艾伦·M. 怀特:《失去书面记录——抵押转让、票据转让和消费者保护》(Nolan Robinson, *The Case Against Allowing Mortgage Electronic Registrations Systems, Inc.*〔*MERS*〕*to Initiate Foreclosure Proceedings*, 32 Cardozo L. Rev. 1621,1635—1636,2011;*Alan M. White*, Losing the Paper—Mortgage Assignments, Note Transfers and Consumer Protection, 24 *Loy. Consumer L. Rev.* 468,494—496,2012)。

抵押贷款转让给有权实施止赎的那一方"①。各州也需要更新相关法律，不仅要确保电子记录方便获取，同时要确保其真实性。

如果电子注册系统要继续担当全国抵押贷款注册系统的角色，我们就得改变它的操作方式，恢复土地所有权信息的公开性。由于电子注册系统没有自发做到这一点，我们可能需要制定法律迫使电子注册系统将记录公开。② 各州曾建立记录系统鼓励买方和贷款人在公共机构记录地契和抵押贷款信息。这可以让任何潜在购买者判断谁拥有该财产，以及该财产被附加了哪些他项权利限制。而电子注册系统却将这些信息私有化。由于银行对抵押转让记录和票据保管如此粗心大意，而且有证据表明电子注册系统记录通常不准确，所以没有理由信任电子注册系统的记录。重获信任的唯一途径是促使银行对记录中的抵押转让和票据权更加审慎，并使潜在的购买者能够获得所有权转让链相关信息。

---

① 密歇根州法律汇编(Mich. Comp. Laws § 600.3204〔3〕)；蒂莫西·A. 弗罗勒：《站在止赎危机发生之后：为什么需要程序性要求来防止房主遭受进一步损失》(Timothy A. Froehle, *Standing in the Wake of the Foreclosure Crisis*：*Why Procedural Requirements Are Necessary to Prevent Further Loss to Homeowners*, 96 Iowa L. Rev. 1719, 1740, 2011) (建议其他州采纳这一要求)。

② 劳拉·A. 史蒂芬：《抵押贷款电子注册系统和抵押贷款危机：混淆贷款所有权和澄清的必要性》(Laura A. Steven, *MERS and the Mortgage Crisis*：*Obfuscating Loan Ownership and the Need for Clarity*, 7 Brook. J. Corp. Fin. & Com. L. 251, 270, 2012) (主张通过联邦立法来要求抵押贷款电子注册系统向公众开放记录)；艾伦·M. 怀特：《失去书面记录——抵押转让、票据转让和消费者保护》(Alan M. White, *Losing the Paper—Mortgage Assignments, Note Transfers and Consumer Protection*, 24 Loy. Consumer L. Rev. 468, 497, 2012) (主张充分披露代理关系和转让的历史)；达斯汀·A. 扎克斯：《站在我们自己的阳光下：反思止赎的立足点、透明度和准确性》(Dustin A. Zacks, *Standing in Our Own Sunshine*：*Reconsidering Standing, Transparency, and Accuracy in Foreclosures*, 29 Quinnipiac L. Rev. 551, 607—608, 2011) (主张抵押贷款电子注册系统在记录中提高公开透明度)。提及《诚信贷款法案》(TILA)被修订，其中要求贷款所有权变更时必须通知房主。达斯汀·A. 扎克斯：《站在我们自己的阳光下：反思止赎的立足点、透明度和准确性》(Dustin A. Zacks, *Standing in Our Own Sunshine*：*Reconsidering Standing, Transparency, and Accuracy in Foreclosures*, 29 Quinnipiac L. Rev. 551, 593—594, 2011) (引自"2009年帮助家庭保住住宅法案", citing Helping Families Save Their Homes Act of 2009, Pub. L. No. 111—22, § 404, 123 Stat 1632, 1658, 2009; 15 U. S. C. § 1641)。

正如艾伦·怀特（Alan White）所言："一个更好的系统设计会将抵押贷款整个生命周期内的所有权登记包括在内，这一登记必须透明而具权威性，不能仅仅在止赎启动时才进行。"[①]如果买家不能确信他们购买房产后是否拥有所有权，那么财产让渡就不会发生。如果该财产有可能受制于未决留置权（outstanding liens），而买家却未意识到这一点，买家将被劝阻不要购买。要将电子注册系统变成抵押贷款交易的信息储存库，唯一的方法就是强制电子注册系统对信息作完整记录，并将之公布于众，否则这些目标将无法实现。

传统记录系统通过激励银行记录抵押贷款信息来运作。虽然有争议，但可以说抵押贷款电子注册系统给了银行一个印象，即无论何时办理抵押转让都没必要通知电子注册系统，从而削弱银行登记的积极性。由于法院尚未完全接受电子注册系统，因此我们重新鼓励银行向电子注册系统通报有关抵押转让的情况。这意味着电子注册系统不仅要追踪当前的抵押权人，而且还必须追踪该实体权利来源的转让历史记录。从传统意义上来说，这些转让的实现可以通过对票据背书和记录抵押转让来完成。银行必须搞清楚如何遵从这些要求，或者寻求可能简化这些要求的法律改革。

如果有些州继续允许当前抵押权人通过单纯地出具来自电子注册系统的抵押权转让书就可以实施止赎，那么我们就需要设置一个要求，即银行必须在公共记录机构对抵押贷款信息进行有效记录，或知会电子注册系统相关转让信息。次贷危机表明，我们需要对原始抵押贷款及后续转让信息进行清晰的、向外公开的记录。如果电子注册系统不能通过改革来实现这些目标，那么相反，应该建立一个联邦公共机构取代州法律。这样的机构可以坚持对抵押转让进行适当监管，同时确保抵押留置

---

[①] 艾伦·M. 怀特：《失去书面记录——抵押转让、票据转让和消费者保护》（Alan M. White, *Losing the Paper—Mortgage Assignments*, *Note Transfers and Consumer Protection*, 24 Loy. Consumer L. Rev. 468，497，2012）。

权信息对外公开且便于获取。

需要修订《统一商法典》和各州止赎条例，以明确可流通票据法与抵押法之间的关系。当一方持有票据、另一方持有抵押贷款权时，对于哪一方是委托人、哪一方是代理人，我们可以依此给出更清楚的答案。同时，我们还需明确抵押转让发生过程。传统上，谁有权执行票据，谁就有权通过止赎来执行票据，但是州法律对抵押权转让方式并没有明确规定。银行本可以通过正式的票据背书、保留票据、生成和记录抵押转让合同来规避种种问题，但他们没有确保这些交易符合规范的手续；这正是我们需要修订的地方。从某种意义上来说，我们怎么做并不重要；我们只是需要法律来帮助实现并促进这一目标。

如果各州对基本原则和程序达成一致，那么可以使各州法律统一（通过普通法或统一法），以实行共同的标准。一般来说，法院认为抵押权为票据持有人的利益服务；抵押是贷款的担保。关于抵押转让是否伴随票据转让或抵押权人是否应持有票据以享受应得利益，各州情况不尽相同。此外，关于何种行为足以证明谁是另一位委托人的代理人，各州法规也有所不同。现在法院正在全力解决这些问题，这些问题在次贷危机发生之前本就不十分清楚。因此，清晰度和统一性是这方面要努力的目标。

实现这些目标的方法多种多样。早在 2002 年，戴尔·惠特曼（Dale Whitman）就主张制定统一的电子记录法。[1] 最近，他已建议成立联邦国家贷款登记系统来弥补电子注册系统的缺陷。[2] 亚当·列维京（Adam Levitin）主张建立国家抵押贷款票据登记处，而艾伦·怀特则认为我们

---

[1] 戴尔·A. 惠特曼：《我们实现了吗？统一电子记录法案例》（Dale A. Whitman, *Are We There Yet? The Case for a Uniform Electronic Recording Act*, 24 W. N. Eng. L. Rev. 245, 2002）。

[2] 戴尔·A. 惠特曼：《对国家抵押登记系统的提议：抵押贷款电子注册系统正合适》（Dale A. Whitman, *A Proposal for a National Mortgage Registry: MERS Done Right*, 78 Mo. L. Rev. 1, 2012）。

应该把票据和抵押贷款合同合并成一份更容易追踪的单一文件。① 达斯汀·扎克斯(Dustin Zacks)建议:"应强制电子注册系统存储之前按当地记录级别登记过的实际电子文档,例如抵押贷款和转让合同。"②塔尼娅·马什(Tanya Marsh)主张将所有权注册系统国有化,用一个公共的联邦所有权和抵押贷款注册系统来有效取代各州记录机构和抵押贷款电子注册系统。③ 在此,我并不想在这些方案中选出一种,而仅仅为他们喝彩,他们提出的各种方案都是为了实现以下这一最终目标:恢复已被银行摧毁的明晰的、公开的所有权系统。

## 十三、财产和法治

正如我们倾向于认为市场和法规势不两立,我们想象法规因为限制我们对财产的支配而侵害了财产权益。我们认为法规既夺走了我们的自由,也夺走了我们的财产。但是,没有一个法制框架,市场和私有财产都无法存在。此外,因为我们秉持自由民主社会的价值观,所以必须通过法律来界定财产权利,以确保这些权利能维护我们的正当所得,并赋予我们享有获取财产和参与经济生活的均等机会。鉴于我们并非避世

---

① 亚当·列维京:《追踪书面记录:证券化、止赎与不明抵押贷款所有权》;艾伦·M. 怀特:《失去书面记录——抵押转让、票据转让和消费者保护》(Adam Levitin, *The Paper Chase: Securitization, Foreclosure, and the Uncertainty of Mortgage Title*, 63 Duke L. J. 637, 2013; Alan M. White, *Losing the Paper—Mortgage Assignments, Note Transfers and Consumer Protection*, 24 Loy. Consumer L. Rev. 468, 498, 2012)。
② 达斯汀·A. 扎克斯:《站在我们自己的阳光下:反思止赎的立足点、透明度和准确性》(Dustin A. Zacks, *Standing in Our Own Sunshine: Reconsidering Standing, Transparency, and Accuracy in Foreclosures*, 29 Quinnipiac L. Rev. 551, 554, 2011)。
③ 塔尼娅·马什:《止赎与美国所有权记录系统的失败》(Tanya Marsh, *Foreclosures and the Failure of the American Title Recording System*, 111 Colum. L. Rev. Sidebar 19, 24—26, 2011)。大卫·瓦克斯也同样主张建立一个独立的联邦机构来履行这一职责。大卫·瓦克斯:《抵押贷款电子注册悬疑:究竟发生了什么》(David Waks, *Mortgage Electronic Registration Suspense: What's Happening*, 32, Feb. 1, 2011, http://ssrn.com/abstract=2197135)。

独居，我们需要法律来为市场关系制定最低标准，需要法律来限制我们对财产的支配，不致损害他人财产权益。鉴于我们希望免于顾虑重重，我们规范财产权利套餐，确保不对他人造成伤害、确保财产所有权明晰而公开。

我们需要法律来塑造财产权利的基本构架，确保我们有能力追求幸福，知道别人使用财产的方式不会颠覆我们的合理预期，从而获得安全感。要建立私有财产体系，就是要建立财产法体系，而制定财产法就要拥护法规。银行通过营销次级贷款来盈利，但是搬起石头砸了自己的脚，因为借款人无力偿还不堪负荷的贷款。银行试图通过将抵押贷款注册系统私有化来节省资金，却因为记录保存不当、且在提起止赎时又不能证明自己拥有抵押贷款的所有权，反而事与愿违。如果财产权利的制定、形成和转让不能遵循可操作的规则，那么财产体系无法存在也不能正常运转。银行忘记了这一事实。银行视法规为洪水猛兽，阻碍它们从事营利性交易。它们忘了——或者没有意识到——没有法规，它们就没有财产权利。再说，法规也有优劣之分；我们需要的是明智之法。但是没有法规监管的财产犹如陆上行舟。

# 第五章　为何保守派拥护法规而自由派拥护市场

我们应将对大政府的质疑和对所有政府的蔑视严格区别开来。

——米奇·丹尼尔斯[1]

与时下流行观点相反，保守派拥护法规，而自由派则拥护市场。这听起来有些荒谬。我们生活在一个政见分歧的国家：我们住在红蓝两州，看着福克斯新闻或微软全国广播公司节目（两个节目都看的，一定在试图弄清楚敌对方在想什么）。对譬如自由权、平等和民主等关键概念，我们的理解也是水火不容。要么相信政府，要么不相信政府，我们憎恶妥协。如果你看新闻、读博客，关注华盛顿局势，可能会得出这样的结论：我们已陷入绝望的对峙，关于社会如何发展，如何弥补社会缺陷，众说纷纭，各执一词。不仅共和党和民主党之间纷争不断，茶党激进分子与主流共和党人之间也是吵得不亦乐乎。自由派与民主党内部的务实派也是暗中较劲，但攻势不减，自由派期望更多变革，务实派却认为只有分权制衡才是上策。

---

[1] Mitchell Elias Daniel（1949－），美国学术管理者、商人、作家和退休政治家。2005 至 2013 年间担任印第安纳州州长；2013 年以来任普渡大学校长。

尽管种种迹象都表明,事实与我的观点相左,但我仍想背道而驰,阐明我们的分歧并非表面上那么严重:保守派和自由派在核心领域有共识,这些领域比我们所意识到的更为广泛,更具基础性。正如《美国展望》所提到的:

> 数十年来,政治学家们早已明白,作为群体,美国人是"象征性的保守派",却是"操作上的自由派"。他们所倾向的"小政府"观念仅仅停留在抽象层面,其实他们也主张并且希望政府在每个项目上都多花些钱。①

这一观察结果不仅关乎联邦政府开支,也真实反映了美国人对待"法规"的态度:美国人讨厌抽象的"法规",但当被问及具体的法规时,他们则变调了。美国人拥护消费者保护法;拥护提升清洁空气和水源的环境法;拥护反歧视法;拥护保护银行储蓄的金融法规;拥护有关驱逐和止赎的法律法规,以免遭受一声令下便被扫地出门、露宿街头的厄运。

我并非对关于联邦预算、税收和法规问题上的政见分歧和观点迥异置若罔闻。我想指出的是,支撑这些法律的是价值判断,激烈的争执让我们忽视了共同价值观。我们的观点并非在所有问题上都一致,但在有些问题上,特别是至关重要的问题上,确实一致。

保守派和自由派都是以"d"为开头的民主人士(democrats)。这意味着我们相信自由权、平等和民主。虽然我们在这些价值观上有很大分歧,但对某些核心价值观却有共同的理解。

我们向往自由权。我们享有"生命权、自由权和追求幸福"的基本权利。这意味着,只要我们的行为不影响他人享受同等的自由,我们就有权选择自己的生活方式。我们没有国教;我们拥有言论和道德观自由;

---

① "观察席位",《美国展望》(Ringside Seat, *American Prospect*, Feb. 25, 2013, http://www.e-activist.com/ea-campaign/action.handleViewInBrowser.do? ea. campaigner. email = CqwWVGSGUygp%2F0B1KKe%2FDJdM2S90nP51 &broadcastId = 24859&templateId = 17542)。

在不违背法律规范的情况下,我们每个人都有权选择居住地和生活方式。

我们向往平等。人人"生而平等",这意味着每个人同等重要,可以同等享受自由权,得到同等的安全保障。在美国,没有领主、没有贵族头衔、没有等级制度、没有种族之分。我们有追求幸福的平等自由。在整个政治领域内,我们崇尚机会平等。尽管对于如何理解机会平等存在分歧,但这不是一个空洞的概念,它已然影响到公共政策和法律的制定。

我们向往民主。我们拥护"民有、民治、民享的政府"。我们的宪法要求各州建立"共和政体"。这意味着我们用民主的方法选择领导人,构建法律,从而为彼此之间的交往制定基本规则;这意味着我们制定政治制度和政治程序,依此来调解冲突,制定合宜的法律来营造合宜环境,使我们能行使自由。我们希望集体权利高于立法者权利,但是也希望拥有批准某些法律的集体权,这些法律界定我们行使自由权的语境。

这一切都意味着,我们信奉民主和法治。我已经解释过"法规"是"法治"的另一种表述。这意味着保守派、自由意志论者和自由派都需要法规。我们不需要愚蠢的法规或过于侵犯性的法规,我们期待的游戏规则可以确保我们能够有尊严地参与社会和经济生活。我们并不主张无政府状态,而主张自由——这种自由在民主社会中可以人人享有,即民主的自由。

理解法律如何支撑并塑造保守派与自由派都拥护的经济、社会和政治制度,将有助于我们更有成效地解决问题,更好地理解和表达观点,同时能别开生面,揭示两派潜在的、不易察觉的共识。与其争论是否应监管自由市场或尊重私有财产,不如着重思考要制定什么样的法规,来设置与自由民主社会的价值观相匹配的市场和财产关系的最低标准。哪些规定可以确保只要努力工作就会有回报,并且人人——就是说所有人——都有平等机会有尊严地生活?何种法律能促进民主社会的自由特征?

## 一、法规如何促进保守派的价值观

保守派的慷慨陈词无情地抨击了"法规"这个概念本身,理由是法律限制行为自由,剥夺我们的自由权,阻止我们按照个人意愿去缔结合同条款,并限制我们使用自己财产的方式。在保守派的视域下,"法规"既侵犯我们的权利,也阻碍社会福利。法规剥夺我们以自己的方式追求幸福的自由,从而侵犯了我们的权利;对自由市场的干涉则阻碍了社会福利,因为自由市场能够有效地满足人们的喜好、创造财富、维持繁荣。

保守派强调个人自由、市场、私有财产等价值观,强调体现保守派立场的法律,这完全在理。美国人相信有些真理不言而喻,其中"生命权、自由权及追求幸福的权利"是文明的伟大成就之一。美国从基于领主、平民和国家垄断的等级分明、地位悬殊的半封建制度,过渡到禁设贵族头衔、促进机会均等的现代民主市场体系,这是值得庆祝的。但保守派暗示所有的法规都是对自由、自由市场和财产的非难,则是错误的。事实上,正如我已阐明的那样,没有法规,就不存在我们所珍视的自由。

从某种意义上说,保守派也意识到了这一点。要"取缔法规"就意味着要反对制定新法规、取缔或简化现有法规,但是几乎没有人呼吁完全取缔法规,没有人喧嚷着要废除所有的建筑法规、分区法、环境法、银行法、保险法、安全施工法或反歧视法。我们可能就现有的法规是否存在过度干预或是否有存在的必要而争执不下,可能就新法规的提案争论不休,但没有人想要废除使市场和财产皆得以存在的法律体系。

如果我们思考保守派反对法规的论点的实质,就会发现,当保守派一窝蜂地反对法规时,他们也知道很多法规会依然保留。这并非说保守派言不由衷,但是表象确实掩盖了保守派的真实需求。保守派的措辞非常极端,但保守派的价值观却没那么极端。这就是保守派的措辞的问题所在。这可能让保守派和自由派双方都无法意识到,其实保守派很支持法规。如果保守派能够更清楚地认识到对我们所拥有的法规（至少是好的法规）的诸多裨益的基本假设，那么对于当前监管型国家问题的争论，就可能按照更加理性的方式继续进行，而且也有可能获得来自自由派的支持。

对于法律的必要性到底在多大程度上帮助他们实现自己的价值观，保守派可能并不买账。他们也可能意识不到，看似"自由派的"法律，实际上实现了保守主义目标。自由派支持的大多数法规有以下四个目标：确保机会平等、保护消费者、为财产权利制定必要的法律基础结构，以及保护我们免受来自他人的外部伤害。令人惊讶的是，自由派的每种目标同时也是保守派的目标。

我们通常认为保守派只倡导自由，自由派只提倡平等，其实这是一个误解。保守派与自由派同样热爱平等；他们只是以不同的方式进行诠释罢了。试想，如果新泽西州仍为那两个领主所有的话——不仅占有土地，还对其进行统治，任何保守派都会不乐意。保守派可能反对"重新分配"，但这是因为他们忘记了重新分配的必要性：重新分配领主手中财产并使之民主化，赋予人民权利，使人民成为自己城堡的主人。保守派不喜欢重新分配，是基于这样的观点：业主应该自食其力，依靠奋斗获得财产。但这种信念的假定前提是：（社会）体系已经让人人都有机会成为业主，过上幸福生活；任何努力工作的人，都将获得回报。

保守派和自由派都接受机会均等的价值观。没有人认为法规、贵族头衔、奴隶制、妇女的有限机会、种族隔离或歧视、阶级或等级制度等都会一成不变。虽然我们通常认为机会均等是保守派的核心价值观，而结果均等是自由派的目标，但实情是，机会均等同样也是自由派的价值观。没有人（包括自由派）赞成德拉古法（draconian laws）这样的严酷法典，没有人赞成绝对的结果均等。

自由派认为结果不平等是缺失平等机会的标志，保守派则更倾向于认为机会已经均等。两大阵营都认为，人人生而平等，有追求幸福的平等权利,法律应保障每个人都切实可能获得成功,并过上有尊严、舒适的生活。

我们的分歧似乎与事实有关,而与机会均等价值观本身无关。当然,事实分歧也与对机会均等的不同诠释有关。保守派认为,现有的制度已经可以保障任何人都可能成功;而自由派认为,机会均等的障碍依然存在,涉及社会、家庭、教育、种族等方方面面。[①] 于是我们就如何诠释机会均等这一价值观产生分歧。与此同时,法律旨在促进机会均等,如反歧视法,得到了保守派和自由派的共同支持。与诸如最低工资保障法这样的法律相伴而来的是争执不下,分歧体现在类似法律对美国劳动者是利是弊,等等。保守派和自由派从不同的视角看待事实,但两派达成一个核心共识——法律的最终目的,是赋予每个人均等的机会参与经济生活,这一核心共识有助于双方以更有成效的方式进行讨论。

正如我所阐述的,消费者保护法确保消费者可以通过契约获得他们所需。这些法规远没有限制我们的选择或干涉我们的自由,而是通过防止卖家欺骗、促使卖家履约、保障买家需求来促进契约自由。其中有一些法律为合同设置默认条款,对模棱两可的协议,除非缔约方明确表明不同的含义,否则按默认条款理解。其他法律则为合约设定强制性条款。这里再次重申,这些强制性的法律条款并非限制我们的自由,或阻碍我们缔结协议,而是为了确保我们得偿所愿。

有些设置了强制性条款的法律确保消费者能获得他们的实际需求,而非单纯依据合同的一纸文书。契约自由并非盲从于书面条款,相反,它意味着顺从当事人的意愿。当卖方居心叵测时(并将事实隐藏在长篇累牍的合同中,当然这种合同买方往往不会读,即使读了也读不懂),消费者保护法会保护买方利益。虽然这种情况可能会让卖方的期望落空,

---

① 参见布莱恩·巴利:《为何社会公正至关重要》(Brian Barry, *Why Social Justice Matters*, 2005)。

但这并不违反契约自由原则。依据是卖方的图谋是非法的；卖方制造假象，让买方误以为签订的契约正是他想要的，而实际的合约却另藏玄机。这种行为与作弊、盗窃或欺诈行径无异，是对契约自由和财产权利的侵犯，也违背了旨在禁止不公或欺骗行为的消费者保护法。

哈利·波特教给我们"必须遵守的魔法契约"这一概念。不管世人如何评说，幸运的是，美国法律无论如何都没有强制执行协议的书面条款，法律所依据的是书面条款是否与大多数人对契约的实际理解相符、是否真实反映了消费者潜在愿景和目标。

消费者保护法有时反映我们的长期目标，而非短期目标。之所以制定"社会保障"（Social Security）体系，是因为我们虽然知道该为退休后的岁月储蓄，但更倾向于把钱都花在当下。所以我们强迫自己存钱，以实现长期目标。而在短期内，此举貌似妨碍了自由，但因为我们选择制定社会保障法，这实际上遵从我们的自由选择，也是促进自由。我们也可以废除这部法律，事实上，有些人确实建议过这样做。但是美国人拥护社会保障体系，也需要社会保障。若将社会保障法理解为剥夺自由，就忽视了我们选择法律也是行使自由的一种方式，而我们将继续行使自由，选择维持这部法律。

有人会认为，消费者保护法为确保产品的安全性，会使交易成本变得更高，但这些法律是我们需要的。我们倾向于购买最廉价的产品，但是更廉价也意味着更危险。这就是我们为何需要法律去监管消费品、药品和食品安全，需要法律防止污染。我们希望法律为这些产品设定最低合格标准，即使我们有选择最廉价产品的倾向，也无后顾之忧。这一切都意味着消费者保护法总体上促进了契约自由，而非干涉自由。

监管法规还为市场和私人财产构建了法律基础结构。保守派反对暴力和欺诈，所以他们拥护消费者保护法以防止商业交易中的欺诈行为。次级抵押贷款的营销手段五花八门，各种天花乱坠的混杂信息成功地误导了借贷方和投资者，掩盖了抵押贷款的真实特性。为防止市场上的弄虚作假行为,相关法律设立规则,规定了哪些契约可以实施,哪些契约明一套暗一套、涉嫌欺诈。正如之前提到的,消费者保护法尊重消费者的实际期望,忽视契约形式上的书面条款。合同救济法(contract remedies)对违约有救济作用,并保障人们有改变心意的合法自由。我们没有电影中"必须遵守的魔法契约"来阻止人们放弃他们讨厌的工作,或迫使人们遵守所谓的非法条款。合同救济法做出预判,维护我们的组合权利:行为自由兼安全保障。

　　同样,要建立私有财产体系,需要大量法律保障。我已经阐明为什么需要法规,通过明晰的、公开的房地产所有权来赋予业主财产权利;确保人们进入公共场所时不受种族、性别或残疾等因素限制;裁定边界纠纷;允许按规程驱逐租户,但不允许房东在没有进行法庭听证会的情况下私自换锁,或把租户的物品扔到街上;确保公寓规章符合法律规范;确保已婚夫妇财产共有,在一方过世或离婚时合理分配财产;确保租户的基本权利,如租房中设有火炉,可供冬天取暖。关于这样的例子,我可以继续讲,在我的财产法课堂上我确实讲了很多。财产关系本身很复杂,正式承认私有财产的法律体系需要很多部法律才能正常运作。有很多"法规"可能被看作体现"自由派"理念,但实际上,这些法规是构建一个可以运作的私有财产体系所必需的。

　　最后,监管法规禁止我们伤害他人,除非是以可被接受的方式。当然,法律不可能阻止所有伤害。只要不违反分区法,即便别人看不顺眼,我也可以在自己的地产上盖房子;我可以参与市场竞争,即使让其他公司破产,让别人失业;即便有人认为时速五十五公里更安全,我依然可以以每小时一百零五公里的速度在高速公路上行驶。但法律确实以其他的方式,防止我的行为对他人造成伤害。过失法要求我对可预见的伤害进行预判,并采取合理措施,避免对他人身心或财产造成伤害;契约法要求我真诚地履行合理义务;财产法禁止我滋扰生事,比如干扰别人对财产的平静受益权,或违反分区法、环境法等。对于这些保护我们免受伤害的法律,保守派并不反对。事实上,对个人的保护是保守派的核心准则。

次贷危机比历史上其他任何事件,都更能说明财产权利影响的范围绝不局限于当事人。次贷市场所创造出来的有毒资产,破坏了世界经济。为避免重蹈覆辙,法规必不可少。此类法规不干涉自由、市场或财产,相反,法规确保私有财产和自由市场体系的良好运作,同时保护业主自由地享受所有权,从而保障了自由、市场和财产。

诚然,共和党和民主党对各类监管法规是否明智产生了巨大分歧。表面的冲突掩盖了一个基本事实:在整个政治范畴内,我们都支持旨在保障合法产权和公平市场关系的法律。当保守派想要法规时,他们称之为"保护产权"或"防止欺诈"。这一点他们没错。旨在服务于合法用途的监管法规,通过制定公平的市场游戏规则来维护我们的合理预期,这就是自由派为"规范"、"市场"辩护时的用意。再重复一遍,我们不会在所有事情上达成一致观点,尤其是在如何界定契约是否公平合理这一问题上,我们更容易产生分歧。但有一点是肯定的:只有建立法律框架,确保个人自由与众人自由并行不悖,才能让自由而民主的社会赋予人人追求幸福的权利成为可能。民主自由权要求民主立法,在这一点上保守派和自由派应该达成共识。

## 二、为何自由派应喜欢市场及私有财产

之前我已论证,维护自由需要法规,并且平等也是保守派倡导的价值观。这些论点仅针对部分保守派或自由意志论者,他们贬低政府,却看不到政府为促进他们提倡的价值观所做的努力,包括保障自由市场和私有财产。同时也提醒他们,他们致力于实现人人地位平等、机会均等的理想。但是这个观点也旨在告诫部分时时为自己拥护的法规而辩护的自由派人士。我已经试图解释为何法规能维护自由、保障财产权,自

由派大可不必因为自己有拥护法规的本能而谨小慎微。与此同时，我也解释过，通过与保守派的争论，自由主义价值观也找到了合理性，原因在于法规能够保障自由市场和私有财产。我也说过，历史能够帮助保守派意识到，我们需要法规来保障所有人都珍惜的自由。而事实证明，在同样的历史教训中，自由派也能学到很多。自由派从中体悟到的并非是法规的重要性，而是自由市场和私有财产的重要性。

从反对某些具体的法律这个语境来看，以及依据看待政治、法律和社会生活的一般性方法来看，保守派对法规的攻击无可厚非。这样说是基于以下这个生动而隐晦的例子。这个例子可以追溯到现代资本主义诞生之前，当时政府创办垄断企业、设置行业准入门槛，契约奴役制盛行，人们永远无法摆脱出身阶层的限制，无论贵族、平民还是农民，从出生开始就打上了不可磨灭的身份印记。当我们认识到保守派对于自由的热爱是基于对此类压迫性社会制度的反对，我们就会发现，这种制度也是自由派所反对的。如果说解除法规意味着摆脱垄断、行业限制、契约奴役及先赋地位，那么不言而喻，自由派也会同保守派一样希望解除法规。

自由派之所以有诋毁自由市场的倾向，是由于他们将自由市场误认为是一种以强欺弱，以富欺贫的市场机制。自由派还倾向于将财产权理解为维护不平等的手段。对自由派来说，理解法规如何维护平等并不难，但要让他们记住自由市场和私有财产通过多种方式去促进自主权和平等权，就没那么容易了。

自由派认为市场和财产权利都需要行之有效的法制结构，这无疑是正确的。一旦我们不承认法律基础结构，市场与财产就不复存在，也就意味着，合理构建的自由市场和私有财产显然也能促进自由主义价值观。事实上，没有市场和私有财产，自由主义价值观将无法推进。理解这一点，自由派将会意识到，他们与保守派在价值观上比想象中有更多共识。

保守派所崇尚的绝大多数核心价值,自由派都拥护,特别是像自由、平等、民主这样的价值观。但自由派并不将自由市场和财产纳入他们的基本准则,部分原因是他们认为市场和财产自身不是权利或价值观,其存在只是为了推动其他核心价值观,如自由和安全。但是自由派不将市场和财产纳入他们的基本准则,还有更为重要的原因。他们清楚地意识到:"自由市场"和"私有财产"的概念是用来保障富人权利,而任由穷人处于弱势地位。同样,这些概念也被用来捍卫雇主利益而不是雇员利益,捍卫开发商利益而不是环境保护者利益,捍卫企业利益而不是公众利益,总之"利润"高于"人民"。

自由派假定,权利是有问题的,无论是通过市场和财产权利来履行的个人权利,还是国家官员行使的公共权利,都是危险的,对此我无意加以评论。但是,自由派因此进一步假定"自由市场"和"私有财产"代表保守派或自由意志论者的社会愿景,对此,我持有异议。事实上,自由派关于自由、平等和民主的理想依赖于围绕自由市场和私有财产而建立的制度结构。

自由派之所以支持政府法规,是因为他们清楚地知道法规如何促进机会均等,阻止不公和欺诈行为。自由派同情出身贫寒的穷人,他们认为保守派捐助慈善机构的宗教价值观与福利国家的基础价值观无异。并且,与自由意志论者相似,自由派也很重视自由选择。他们信奉约翰·洛克与约翰·斯图尔特·密尔(John Stuart Mill)的观点,认为人人均享有道德自由和宗教自由,人人均享有自主选择工种和居住地的自由。

自由派之所以对市场和私有财产心存顾虑,是因为市场和私有财产似乎旨在保障富人权利,而使得穷人处于水深火热之中。如果财产权利旨在维护既得利益、排斥他人占有财产,那么,看起来只有富人获利。如果自由市场的特征是放任自由和"货物出仓,概不退换",那么次级贷款将会泛滥,低收入家庭的血汗钱也将付之东流。

自由派应该明白,无论私有财产还是自由市场均没有固有结构。其实,有多种方法来界定市场准入规则,有多种方法来制定、分配和规范人们所拥有的财产权利套餐。的确,如果我们还记得反封建历史以及反对奴隶制、种族隔离、父系特权制度而取得的来之不易的胜利,将不难发现,随着时间的流逝,财产制度已向自由派的理想靠拢——人人过着安全、自由、舒适的生活。但这并非意味着我们已解决所有棘手难题,次贷危机以及当今贫困和不平等的加剧,都验证了这一点。但我们已经认识到:财产不仅是一种制度,也是个人权利,而且由法律构建的财产体系将促进机会平等,普及房屋所有权,提高维持生计的最低工资标准,并促进充分就业。

自由市场也是如此;按喜好选择居住地,自主创业,自由选择工种、雇主、同事,这都反映了自由派人身自由和平等的价值观。自由市场的参与并不只对特定的阶层、种族或性别开放,法律规定市场准入向所有人开放,不得设置恶意的歧视性限制。自由市场并不意味着没有工会,纵使保守派认为工会干扰自由选择,自由派仍义正辞言地指出,工会是行使自由权的途径,工人们通过联合的方式实现互惠。正如股东联手创办企业,工人们联手创建工会。要求雇主与工会进行协商并非干扰"自由市场",相反,工会赋予工人权利,使工人如同股东一样联合起来,实际上是促进了自由。

自由派所珍惜的自由,并非受到抽象意义上的自由市场和私有财产理论的威胁,而是受到特定的体制结构的威胁,这种体制结构支持强者凌驾于弱者、业主凌驾于非业主以及雇主凌驾于雇员。如果市场被合理构建,自由派所珍惜的自由将得到维护而不是阻碍。一旦我们意识到,"自由"并不意味着"无法律"或"无法规",那自由派便能如同自由意志论者一样热烈拥护自由市场。"自由市场"受市场游戏规则的支配,这类规则反映了维护平等机会和防止欺诈的民主价值观。我已经论述过,没有适当的消费者保护法,市场就不是"自由市场"。如果自由派认识到,没有法律，自由市场就不复存在，所谓的"自由"是指杜绝欺诈和滥用权利前提下的自由，那么，除非市场同时保持公正，否则市场便不是自由的。例如，公共设施法（public accommodation laws）禁止餐厅出于种族和宗教原因拒绝接待顾客，此类法规就是维护而非破坏自由市场。自由市场并不乏"法规"，相反，为市场关系设置最低标准的法规定义了自由市场。如果自由派认识到市场之所以"自由"是由于法律确保其公正，那么自由派就会拥护自由市场。

没有法规就没有自由，同理，没有法规也没有自由市场。自由派不是自由市场的敌人，而是无法无天的市场的敌人。没有规则，市场将不复存在。因此，保守派与自由派同样支持法规。没有法律，自由将不复存在。因此，没有公正的市场就没有自由的市场。值得我们讨论的应是最低标准的内涵，而非法规存在的必要性。若果真如此，自由派一定会迫不及待地制定公正的游戏规则，同时热烈拥护自由市场。自由派也一定能制定出让保守派满意的法规，会努力展示为什么自由派支持的法规其实比保守派预想的更公正，因此更能促进自由。

自由派也应意识到自己是私有财产的捍卫者。如同保守派那样，自由派也憎恶封建制度和奴隶制度，不愿财产掌控在少数人手中。自由派如果听一听自由主义经济学家罗伯特·蒙哥马利（Robert Montgomery）怎么说，会受益匪浅。在麦卡锡时代，蒙哥马利曾被得克萨斯州立法机构传唤，并为自己的观点辩护。当被问及是否拥护私有财产时，他答道："当然，我非常拥护，以致希望得克萨斯州的每个人都能拥有私有财产。"

相较于保守派，自由派更热衷于纠正财产分配的不公，但这种分歧源于对何种财产分配类型能防止权力过度集中、确保机会均等，双方有不同的视角。自由派应意识到，自由民主社会的财产制度假定所有权广泛分布，人人都能成为业主。显然，实现上述目标需要法规。但这并不说明自由派不喜欢私有财产，只是提示我们需要甄别出合宜的法规和政策，从而使人人都能介入私有财产制度，相信这一制度是公正、有意义的。自由派提醒保守派，需要通过法规来妥善构建市场并界定财产权，这一点无疑是正确的；而保守派提醒自由派，促进平等的最佳路径就是那些妥善构建的市场及财产权，这显然也是正确的。

# 第六章　民主的自由

自由与公正一旦分裂，个人以为，两者都濒临险境。

——埃德蒙·伯克

　　"没有法律"，约翰·洛克说，"就没有自由"。[①]　自由需要法规，自由市场能够运行正是得益于法制构建。自由意志论者的理想只有在一个法制健全的国家才能实现。相反，自由主义者对自由和平等的向往，只有在一个确保有平等机会追求幸福和财产的自由经济体制中才能实现。尽管当下美国的政治话语两极分化，但其实美国人思想的共通之处比我们想象的要多很多。更意想不到的是，其实美国人比人们常规预想的更倾向于自由主义思想。关于政府法规，美国人说起话来，一副自由意志论者的腔调，而立法行动时，便是自由派的作风。

　　当然，两大阵营之间仍有分歧的鸿沟。如果说我们从次贷危机中学到了什么，那就是，自由市场需要法律来维持正常运行。这样的法律不

---

① 约翰·洛克：《政府论·下篇》(John Locke, *The Second Treatise of Government*, 57, at 306, Peter Laslett ed., 1988, Cambridge Univ. Press, 2009 reprinting, orig-inal 1690，原文为斜体)。

是阻碍自由，而是让自由成为可能。尤其是相关财产法对民事权利和公民自由权产生深远影响，而这些自由权利只有通过合理法规才能得到保障和提升。自由权不仅包括人们的生活方式免于无端的政府限制，还包括接受政府为保障人们和平共处、互尊互爱而施加的充分约束。

法律通过取缔那些低于自由和民主社会的最低标准的"次级"社会和经济关系来促进自由和民主。我们规范合同条款和与财产相关的权利，来保障我们获得充分独立和自由的以及不受他人干扰的安全。我们只有通过限制行为自由，才能获得安全保障，这就意味着，解除政府"法规"，自由将无法延续。

我们已经取缔了封建主义、贵族头衔、奴役、男性特权、种族歧视以及对市场准入的歧视性限制。这些法律对我们签订的契约和制定的财产权利加以限制，但不是夺走我们的自由。这些法律界定一个自由的社会赋予每个人尊严意味着什么。我们要求并颁布各种消费者保护法及其他监管法规来确保我们进入市场时，有一整套规则可以保障我们身心安全，无后顾之忧。这些法律还通过帮助我们获得所需来保护了我们的自由权。

我们要求法律默认我们认为理所应当的条款，从而免于在细节上讨价还价。我们寻求法律保护不是因为我们缺乏理性或软弱愚钝，也不是因为我们无视自由权，而是因为我们希望受到作为人类应有的待遇，我们希望己所不欲勿施于人。我们寻求法律保护，是因为防止人们不公正地占他人便宜。我们寻求一套能让我们在安全和谐的环境中自由追逐梦想的法律基础结构。次贷危机让我们记住平等而自由的美国理想需要法律来规范市场，禁止不公操作，确保不会因为疏忽大意导致有毒资产的衍生，从而经常威胁到我们的经济体制。次贷危机还提醒我们，平等机遇、平等的美国梦，需要制定一套能妥善引导市场、公正配置财产权利并保护财产权利的法律基础结构。

我有一枚纽扣，是一位知我、爱我的人送的。上面刻着："执于乌托邦幻想"(stubbornly clinging to utopian illusions)。好吧,那就是我。不用误会,我并不指望冲突和分歧都化解,也不指望世界一片和谐。但是作为一名十足的乐观者和十足的学者,我相信通过审视自我观念,会向相互深入理解更进一步。

如果保守派反思一下法规的伟大之处,或者换一个我喜欢的说法,反思一下"民主"和"法治",或有裨益;如果自由派想一想自由市场和私有财产的妙处以及"政府法规"的恼人之处,此书也将抛砖引玉。如果我们都意识到市场——就像游戏——需要规则的话,自由派和保守派人士都将更好地推行他们的价值观。问题不是讨论是否需要规则,而是讨论公正游戏规则该是什么样。

马克斯·巴里(Max Barry)的讽刺小说《詹妮弗的政府》,描述了一个自由意志论的反乌托邦社会,在那里管制被降到最低化。[①] 政府被私有化,人们要想从警察那里得到特定保护得付费。契约自由完全不受限制,书面合同的执行严格按照字面约定——无论条款内容多么离谱。签约方可以自由雇佣私人或公共机构来执行条款内容。

故事是这样开始的,主人公在没有细读条款的情况下签订了一份雇佣合同。麻烦来了。这份合同是由该公司的营销部凭空设想出来的。营销部设想,如果消费者为了得到酷炫的运动鞋宁可一死的话,销量一定火爆。所以营销人员严格限制供应,让消费者来你争我抢,再鼓吹该款运动鞋如何供不应求。接着,营销人员诱骗倒霉的主人公签订了一份杀人合同,让他在消费者聚集在门店前等待开业之际杀害几名消费者。整个构思就是渲染该款运动鞋的火爆,从而增加销量。我们的主人公既然已经签订合同,一旦违约,他所受到的处罚可不是从身上割下一磅肉那么简单。

尽管在巴里小说的平行宇宙空间,杀人严格来说是非法的,但是执

---

① 马克斯·巴里:《詹妮弗的政府》(Max Barry,*Jennifer Government*,2003)。

法却由个人发起，取决于个人需求。此外，公司只需为违法行为支付罚金即可；这样做被认为可以提高经济效率。公司也可以违背禁止谋杀的法律，只需比执行法律付出更多的罚金即可。小说的主人公也可以向警察寻求保护免受公司迫害，但前提是他得愿意并且有能力向警察支付足够吸引人的资金。警察也可以帮助受害人家庭寻找凶手，但前提是受害人家庭愿意并有能力支付手续费。一切行动都有一个标价，这与法治无关，你向警察支付你承受范围内的费用，然后得到相应的保护。当然，营销人员选择的受害人也是家境贫寒的，这样受害人家庭会因支付不起警察执法费而不构成威胁。在小说的高潮，营销部的主管决定，是时候该解散所有干涉性的政府法规了——所有的。公司发布了一份独立宣言，将公司从政府法规中彻底解放出来。但是没有规则不成方圆，经济竞争很快不可避免地升级为战争。

故事听起来荒诞可笑，但我认为巴里的小说想证明一点：没有法律的自由不构成自由权，没有法律构建的自由市场不构成真正意义上被认可的市场。这意味着没有法规就没有自由权；矛盾的是，我们在个人层面上经历的自由权之所以成为可能，就是因为在公共层面有法规保障。事实上，我们谈论的自由权利可以说是生活在一个公正的法制结构中所享有的效益。

一旦脱离了法律，自由市场或私有财产都会瘫痪。法律为经济和社会关系制定最低标准，使这些标准与自由、民主社会的规范和价值观相匹配。达不到这些最低标准的协议都是次级的，因此也是越矩的。禁止次级协议的法律并不夺走我们的自由，而是保障自由。如果这些法律的采纳通过合理的程序并反映我们最根本的价值观念，它们就促进了民主的自由。法规总被我们当成理所应当而受到忽视，现在是时候该认可法规了。在此基础之上，我们才能辩论什么是合理的法律，而不是就法规是否该存在这个伪命题争论不休。

# 致　谢

　　这本书的面世得到了许多人的帮助。首先要感谢的是多年来与我就相关议题进行交流的许多学者和律师。他们是大卫·阿布罗莫维茨（David Abromowitz）、格雷格·亚历山大（Greg Alexander）、约翰·阿诺兹（John Arnholz）、贝瑟尼·伯杰（Bethany Berger）、罗杰·伯特林（Roger Bertling）、凯文·科斯特洛（Kevin Costello）、大卫·达纳（David Dana）、内斯托尔·戴维森（Nestor Davidson）、拉什米·达亚尔-钱德（Rashmi Dyal-Chand）、凯瑟琳·恩格尔（Kathleen Engel）、肯特·格林菲尔德（Kent Greenfield）、大卫·格罗斯曼（David Grossman）、安迪·考夫曼（Andy Kaufman）、亚当·列维京（Adam Levitin）、杰里米·麦克连（Jeremy McClane）、爱德华多·皮纳尔维尔（Eduardo Peñalver）、杰德·普迪（Jed Purdy）、萨贝尔·拉赫曼（Sabeel Rahman）、约翰·拉蒂根（John Rattigan）、约翰·萨瓦雷斯（John Savarese）、劳拉·安德库夫勒（Laura Underkuffler）、安德烈·范德沃尔特（André van der Walt）、约翰·范德沃尔特（Johan van der Walt）、杰夫·范埃尔普（Sjef van Erp）、瑞切尔·沃尔什（Rachael Walsh）、艾玛·韦林（Emma Waring）、麦克斯·温斯坦（Max Weinstein）、艾伦·怀特（Alan White）和戴尔·惠特

曼(Dale Whitman)。当然,这里无法穷尽。

为写本书所作的研究多年来一直得到哈佛大学法学院的资助。我还要感谢出席2012年5月在哈佛法学院和2013年5月在杜兰大学法学院举办的累进财产会议(Progressive Property Conferences)的专家学者。2012年10月青年财产法律师论坛在南非斯泰伦博斯大学(Stellenbosch University)举办,由南非财产法研究会主办、安德烈·范德沃尔特先生主持,自此之后,本书的部分内容在大师班上以不同形式呈现过。该书的部分内容还分别于2013年4月在卢森堡大学和2013年9月在戴维斯法学院的一个教师研讨会上作了陈述。该书的成形也受益于2014年2月波士顿学院法学院教师研讨会上的反馈。对于所有这些会议和研讨会参与者提出的意见和建议,在此表示诚挚的感谢。

本书的部分内容曾出现在我的以下文章中:

《作为民主法则的财产》(Property as the Law of Democracy, 63 Duke L. J. 1287,2014)

《止赎和手续不当或次贷困境及对策》(Foreclosure and the Failures of Formality, Or Subprime Mortgage Conundrums and How to Fix Them, 46 Conn. L. Rev. 497,2013)

《财产法中的理性原则》(The Rule of Reason in Property Law, 46 . C. Davis L. Rev. 1369,2013)

《次贷危机:为什么自由民主的社会需要法律》(Subprime:Why a Free and Democratic Society Needs Law, 47 Harv. C. R.-C. L. L. Rev. 141,2012)

《作为民主基础结构的财产法》(沃尔夫家族系列讲座之四:美国不动产法)(Property Law as the Infrastructure of Democracy〔The Fourth in the Wolf Family Lecture Series on the American Law of Real Property〕, 11 1 Powell on Real Property,2011)

《美国财产法中的反种族隔离原则》(The Anti-Apartheid Principle

in American Property Law, 1 Ala. C. R. -C. L. L. Rev. 83,2011)

《财产法和抵押危机：自由意志论幻想和次贷现实》(Property Law and the Mortgage Crisis：Libertarian Fantasies and Subprime Realities, 1 Prop. L. Rev. 7,2011)

《民主的地产：自由和民主社会中的财产法》(Democratic Estates：Property Law in a Free and Democratic Society, 94 Cornell L. Rev. 1009,2009)

《自由和民主社会中的法人责任》(Corporate Responsibility in a Free and Democratic Society, 58 Case W. Res. L. Rev. 1031,2008)

在此还要感谢我的家人,多年来他们付出时间和关爱,激发我的灵感。他们是玛莎·米诺(Martha Minow)、米拉·辛格(Mira Singer)、莱拉·辛格(Lila Singer)和牛顿·米诺(Newton Minow),如果没有他们的爱和支持,我就难以自由思考、探索和工作,这本书也不会与读者见面。

《强社会与弱国家:第三世界的国家社会关系及国家能力》 [英]乔·米格德尔 著　张长东 译

《驾驭经济:英国与法国国家干预的政治学》 [美]彼得·霍尔 著　刘骥 刘娟凤 叶静 译

《社会契约论》 [英]迈克尔·莱斯诺夫 著　刘训练 等译

《共和主义:一种关于自由与政府的理论》 [澳]菲利普·佩蒂特 著　刘训练 译

《至上的美德:平等的理论与实践》 [美]罗纳德·德沃金 著　冯克利 译

《原则问题》 [美]罗纳德·德沃金 著　张国清 译

《社会正义论》 [英]布莱恩·巴利 著　曹海军 译

《马克思与西方政治思想传统》 [美]汉娜·阿伦特 著　孙传钊 译

《作为公道的正义》 [英]布莱恩·巴利 著　曹海军 允春喜 译

《古今自由主义》 [美]列奥·施特劳斯 著　马志娟 译

《公平原则与政治义务》 [美]乔治·格劳斯科 著　毛兴贵 译

《谁统治:一个美国城市的民主和权力》 [美]罗伯特·A.达尔 著　范春辉 等译

《论伦理精神》 张康之 著

《人权与帝国:世界主义的政治哲学》 [英]科斯塔斯·杜兹纳 著　辛亨复 译

《阐释和社会批判》 [美]迈克尔·沃尔泽 著　任辉献 段鸣玉 译

《全球时代的民族国家:吉登斯讲演录》 [英]安东尼·吉登斯 著　郭忠华 编

《当代政治哲学名著导读》 应奇 主编

《拉克劳与墨菲:激进民主想象》 [美]安娜·M.史密斯 著　付琼 译

《英国新左派思想家》 张亮 编

《第一代英国新左派》 [英]迈克尔·肯尼 著　李永新 陈剑 译

《转向帝国:英法帝国自由主义的兴起》 [美]珍妮弗·皮茨 著　金毅 许鸿艳 译

《论战争》 [美]迈克尔·沃尔泽 著　任辉献 段鸣玉 译

《现代性的谱系》 张凤阳 著

《近代中国民主观念之生成与流变:一项观念史的考察》 闫小波 著

《阿伦特与现代性的挑战》 [美]塞瑞娜·潘琳 著　张云龙 译

《政治人:政治的社会基础》 [美]西摩·马丁·李普塞特 著　郭为桂 林娜 译

《社会中的国家:国家与社会如何相互改变与相互构成》 [美]乔尔·S.米格代尔 著　李杨 郭一聪 译　张长东 校

《伦理、文化与社会主义:英国新左派早期思想读本》 张亮 熊婴 编

《仪式、政治与权力》 [美]大卫·科泽 著　王海洲 译

《政治仪式:权力生产和再生产的政治文化分析》 王海洲 著

《论政治的本性》 [英]尚塔尔·墨菲 著　周凡 译

《政治中的历史与幻觉》 [英]雷蒙德·戈伊斯 著　黎汉基 黄佩璇 译

《国家权力与社会势力》 [美]乔尔·S.米格代尔 阿图尔·柯里 维维恩·苏 主编　郭为桂 曹武龙 林娜 译

《政教分离与良心自由》 [加拿大]若瑟兰·麦克卢尔 查尔斯·泰勒 著　程无一 译